VAMOS APRENDER 1

GEOGRAFIA

ANOS INICIAIS DO ENSINO FUNDAMENTAL
COMPONENTE CURRICULAR:
GEOGRAFIA • 1º ANO

Valquíria Garcia
Licenciada em Geografia pela Universidade Estadual de Londrina (UEL-PR).
Especialista em História e Filosofia da Ciência pela UEL-PR.
Mestra em Geografia pela UEL-PR.
Professora do Ensino Superior na área de formação de docentes e pesquisadora na área de Ensino em Geografia.
Autora de livros didáticos para o Ensino Fundamental.

São Paulo, 1ª edição, 2017

***Vamos aprender* Geografia 1**
© Edições SM Ltda.
Todos os direitos reservados

Direção editorial	M. Esther Nejm
Gerência editorial	Cláudia Carvalho Neves
Gerência de *design* e produção	André Monteiro
Coordenação de *design*	Gilciane Munhoz
Coordenação de arte	Melissa Steiner Rocha Antunes, Ulisses Pires
Coordenação de iconografia	Josiane Laurentino
Coordenação de preparação e revisão	Cláudia Rodrigues do Espírito Santo
Suporte editorial	Alzira Bertholim Meana
Produção editorial	Scriba Soluções Editoriais
Supervisão de produção	Priscilla Cornelsen Rosa
Edição	Karolyna Lima dos Santos, Kleyton Kamogawa
Preparação de texto	Ana Paula Felippe
Revisão	Márcia Pessoa, Claudia Maietta
Edição de arte	Mary Vioto, Barbara Sarzi, Janaina Oliveira
Pesquisa iconográfica	André Silva Rodrigues, Soraya Pires Momi
Tratamento de imagem	José Vitor E. Costa
Capa	João Brito, Carla Almeida Freire
Imagem de capa	Fernando Volken Togni
Projeto gráfico	Marcela Pialarissi, Rogério C. Rocha
Editoração eletrônica	Renan Fonseca
Fabricação	Alexander Maeda
Impressão	Stilgraf

Em respeito ao meio ambiente, as folhas deste livro foram produzidas com fibras obtidas de árvores de florestas plantadas, com origem certificada.

Dados Internacionais de Catalogação na Publicação (CIP)
(Câmara Brasileira do Livro, SP, Brasil)

Garcia, Valquíria Pires
 Vamos aprender geografia, 1º ano : ensino
 fundamental, anos iniciais / Valquíria Pires
 Garcia. – 1. ed. – São Paulo : Edições SM, 2017.

 Suplementado pelo manual do professor.
 Bibliografia.

 ISBN 978-85-418-1960-2 (aluno)
 ISBN 978-85-418-1961-9 (professor)

 1. Geografia (Ensino fundamental) I. Título.

17-11060   CDD-372.891

Índices para catálogo sistemático:
1. Geografia : Ensino fundamental 372.891

1ª edição 2017
2ª impressão 2019

Edições SM Ltda.
Rua Tenente Lycurgo Lopes da Cruz, 55
Água Branca 05036-120 São Paulo SP Brasil
Tel. 11 2111-7400
edicoessm@grupo-sm.com
www.edicoessm.com.br

APRESENTAÇÃO

CARO ALUNO, CARA ALUNA,

ESTE LIVRO FOI PLANEJADO E PRODUZIDO PENSANDO EM VOCÊ.

EM SUAS PÁGINAS, APRESENTAMOS TEMAS INTERESSANTES QUE, A CADA DIA, DESPERTARÃO A SUA CURIOSIDADE PELO SABER.

DURANTE SEUS ESTUDOS, POR MEIO DE TEXTOS, FOTOS, ILUSTRAÇÕES, MAPAS E OUTROS RECURSOS, VOCÊ VAI PERCEBER QUE A GEOGRAFIA FAZ PARTE DO SEU DIA A DIA.

COM ESTE LIVRO, ESPERAMOS QUE JUNTOS POSSAMOS CONHECER PESSOAS, LUGARES E PAISAGENS, A FIM DE ENTENDER MELHOR O MUNDO EM QUE VIVEMOS.

DESEJAMOS A VOCÊ UM ÓTIMO ANO DE ESTUDO!

SUMÁRIO

UNIDADE 1 — EU E OS OUTROS 6

EU E OS COLEGAS DA SALA 7
   PARA FAZER JUNTOS! 7
   PRATIQUE E APRENDA 9

BRINCAR EM DIFERENTES ÉPOCAS E LUGARES 10
   PRATIQUE E APRENDA 12
   POR DENTRO DO TEMA
     BRINCADEIRA TAMBÉM TEM HISTÓRIA 16
   DIVIRTA-SE E APRENDA
     CAMA DE GATO 17
   APRENDA MAIS! 19

UNIDADE 2 — AO MEU REDOR 20

AO REDOR DO MEU CORPO 21
   PRATIQUE E APRENDA 22
   DIVIRTA-SE E APRENDA
     CAÇA AO TESOURO 23

LOCALIZANDO O QUE EXISTE AO MEU REDOR 24
   PARA FAZER JUNTOS! 26
   PRATIQUE E APRENDA 27

O MAPA DO CORPO 28
   PARA FAZER JUNTOS! 29
   PRATIQUE E APRENDA 31
   POR DENTRO DO TEMA
     IGUAIS E DIFERENTES! 34
   APRENDA MAIS! 36

UNIDADE 3 — EU E OS LUGARES 38

LUGARES QUE CONHEÇO 39
   PRATIQUE E APRENDA 41

LUGARES PARA TODOS 42
   USANDO OS ESPAÇOS PÚBLICOS 43
     POR DENTRO DO TEMA
       A CULTURA ESTÁ NAS RUAS 44
   PRATIQUE E APRENDA 47

A ESCOLA TAMBÉM É NOSSA 48
   PARA FAZER JUNTOS! 49
   PRATIQUE E APRENDA 50
   APRENDA MAIS! 51

UNIDADE 4 — OS LUGARES E O TRABALHO DAS PESSOAS 52

O TRABALHO EM NOSSO DIA A DIA 53
   PRATIQUE E APRENDA 55
   POR DENTRO DO TEMA
     HÁBITOS SAUDÁVEIS NOS DIAS QUENTES 58

O TRABALHO DAS PESSOAS NA ESCOLA 60
   PRATIQUE E APRENDA 62
   APRENDA MAIS! 63

UNIDADE 5 — A NOSSA CASA 64

- ONDE EU MORO 65
  - PRATIQUE E APRENDA 67
  - PRATIQUE E APRENDA 69
  - POR DENTRO DO TEMA
    - NÃO TER UMA CASA PARA MORAR 70
- DIFERENTES PONTOS DE VISTA 71
  - PRATIQUE E APRENDA 72
  - APRENDA MAIS! 75

UNIDADE 6 — QUANTAS MORADIAS DIFERENTES 76

- AS MORADIAS SÃO DIFERENTES 77
  - PARA FAZER JUNTOS! 78
- OS MATERIAIS USADOS NA CONSTRUÇÃO DAS MORADIAS ... 79
  - PRATIQUE E APRENDA 80
- CONSTRUINDO MORADIAS 82
  - PRATIQUE E APRENDA 84
  - POR DENTRO DO TEMA
    - COOPERAÇÃO EM CASA 85
  - PARA FAZER JUNTOS! 86
  - APRENDA MAIS! 87

UNIDADE 7 — EU E OS CAMINHOS 88

- OS CAMINHOS 89
  - PRATIQUE E APRENDA 91
- AS RUAS MUDAM DO DIA PARA A NOITE 92
  - PRATIQUE E APRENDA 93
- O CAMINHO DE CASA À ESCOLA 94
  - PRATIQUE E APRENDA 95
  - POR DENTRO DO TEMA
    - A SOLIDARIEDADE 98
  - APRENDA MAIS! 99

UNIDADE 8 — O TRÂNSITO NOS CAMINHOS QUE PERCORREMOS 100

- O TRÂNSITO 101
  - PRATIQUE E APRENDA 102
- REGRAS DE TRÂNSITO 104
  - DIVIRTA-SE E APRENDA
    - AS CORES DO SEMÁFORO ... 105
- SÍMBOLOS QUE ORIENTAM O TRÂNSITO 107
  - POR DENTRO DO TEMA
    - RESPONSABILIDADE NO TRÂNSITO 108
  - APRENDA MAIS! 109

CONHEÇA OS ÍCONES

- RESPONDA À ATIVIDADE ORALMENTE.
- ESCREVA A RESPOSTA NO CADERNO.
- CARTOGRAFIA

MAPAS 110
BIBLIOGRAFIA 112

UNIDADE

1 EU E OS OUTROS

CRIANÇAS BRINCANDO NO PARQUE.

PONTO DE PARTIDA

1. DE QUE AS CRIANÇAS ESTÃO BRINCANDO? VOCÊ JÁ PARTICIPOU DESSA BRINCADEIRA?

2. AS CRIANÇAS ESTÃO BRINCANDO AO AR LIVRE, DENTRO DE CASA OU NA SALA DE AULA?

3. CONTE PARA SEUS COLEGAS DO QUE VOCÊ MAIS GOSTA DE BRINCAR NO RECREIO DA ESCOLA.

EU E OS COLEGAS DA SALA

VOCÊ JÁ CONHECE TODOS OS COLEGAS DE SUA SALA DE AULA? A SEGUIR, VAMOS FAZER UMA BRINCADEIRA PARA CONHECER MELHOR QUEM SÃO AS CRIANÇAS QUE ESTUDAM COM VOCÊ.

PARA FAZER JUNTOS!

VEJA COMO FOI ESTA BRINCADEIRA NA SALA DA PROFESSORA ANA.

A. A PROFESSORA ANA DISSE O PRÓPRIO NOME E, EM SEGUIDA, COLOCOU A MÃO DIREITA NA CRIANÇA QUE ESTAVA SENTADA À DIREITA DELA.

B. ESSA CRIANÇA TAMBÉM DISSE SEU NOME E, DEPOIS, TOCOU COM A MÃO DIREITA O COLEGA QUE ESTAVA À SUA DIREITA.

C. A BRINCADEIRA CONTINUOU ATÉ QUE TODOS SE APRESENTASSEM.

D. EM SEGUIDA, A PROFESSORA ANA FALOU O NOME DE SUA BRINCADEIRA PREFERIDA E TOCOU COM A MÃO ESQUERDA A ALUNA QUE ESTAVA SENTADA DO LADO ESQUERDO DELA.

E. TODOS CONTINUARAM, DIZENDO QUAL ERA SUA BRINCADEIRA PREFERIDA.

ALÉM DOS NOMES, OS TIPOS DE BRINCADEIRAS PREFERIDAS ENTRE VOCÊ E SEUS COLEGAS PODEM SER DIFERENTES.

AS OPINIÕES E OS SENTIMENTOS DIFERENTES TAMBÉM DEMONSTRAM QUE AS PESSOAS NÃO SÃO IGUAIS.

- AGORA, JUNTO COM O PROFESSOR E SEUS COLEGAS, REALIZEM NA SUA SALA DE AULA A BRINCADEIRA QUE A PROFESSORA ANA FEZ COM SEUS ALUNOS.

PRATIQUE E APRENDA

1. ESCREVA SEU NOME NO ESPAÇO ABAIXO.

_____

2. AGORA, DESENHE A SUA BRINCADEIRA PREFERIDA NO ESPAÇO A SEGUIR.

- MOSTRE O SEU DESENHO AOS COLEGAS E EXPLIQUE PARA ELES COMO É ESSA BRINCADEIRA.

BRINCAR EM DIFERENTES ÉPOCAS E LUGARES

AS CRIANÇAS GOSTAM DE DIFERENTES TIPOS DE BRINCADEIRA. ALGUMAS GOSTAM DE BRINCAR DENTRO DE CASA, POR EXEMPLO, JOGANDO *VIDEOGAME* OU SE DIVERTINDO AO ASSISTIR A FILMES NA TELEVISÃO.

CRIANÇAS BRINCANDO DENTRO DE CASA.

OUTRAS CRIANÇAS GOSTAM DE BRINCAR AO AR LIVRE, COMO EM UM JARDIM OU EM UM PARQUE.

CRIANÇA BRINCANDO AO AR LIVRE.

1. VOCÊ PREFERE BRINCAR DENTRO DE CASA OU AO AR LIVRE?

NO PASSADO, ERA COMUM AS CRIANÇAS UTILIZAREM O ESPAÇO DAS RUAS PARA BRINCAR. MUITAS CRIANÇAS COSTUMAVAM BRINCAR NA RUA DE AMARELINHA, CANTIGAS DE RODA, RODA PIÃO, PIPA, BOLINHA DE GUDE, ENTRE OUTRAS BRINCADEIRAS.

VEJA ALGUMAS DESSAS BRINCADEIRAS.

CIRANDA N. 2, DE IVAN CRUZ. ACRÍLICO SOBRE TELA, 30 CM X 40 CM. 2005.

BOLINHA DE GUDE, DE MARILUCIA GUILEN. GUACHE E COLAGEM SOBRE PAPEL, 25 CM X 22 CM. 2005.

2. COMPARE O DESENHO DA SUA BRINCADEIRA PREFERIDA, NA PÁGINA 9, COM AS IMAGENS MOSTRADAS NAS PÁGINAS 10 E 11. ALGUMA DAS BRINCADEIRAS MOSTRADAS É PARECIDA COM A SUA? CONTE AOS COLEGAS.

3. VOCÊ GOSTARIA DE BRINCAR OU JÁ BRINCOU DE ALGUMA DAS BRINCADEIRAS MOSTRADAS NESTA PÁGINA? CONTE AOS COLEGAS.

4. VOCÊ E SEUS COLEGAS ACHAM SEGURO, NOS DIAS DE HOJE, BRINCAR NO ESPAÇO DAS RUAS? POR QUÊ?

PRATIQUE E APRENDA

1. VAMOS CONHECER ALGUMAS BRINCADEIRAS DO PASSADO. PARA ISSO, ESCOLHA UM DE SEUS AVÓS, OU RESPONSÁVEIS MAIS VELHOS, FAÇA A ENTREVISTA A SEGUIR E DEPOIS MOSTRE AOS COLEGAS.

ROTEIRO DA ENTREVISTA

A. NOME: _____

B. IDADE: _____

C. QUAL O NOME DA SUA BRINCADEIRA PREFERIDA QUANDO ERA CRIANÇA?
_____

D. EM QUE ANO VOCÊ COSTUMAVA BRINCAR? (DATA APROXIMADA.)
_____

E. COMO ERA A BRINCADEIRA? PEÇA À PESSOA ENTREVISTADA QUE LHE ENSINE A BRINCADEIRA. DEPOIS, DESENHE-A NO ESPAÇO AO LADO E, EM SEGUIDA, EXPLIQUE O SEU DESENHO AOS COLEGAS.

2. VEJA A SEGUIR COMO IURI GOSTA DE SE DIVERTIR.

NOS DIAS ENSOLARADOS, IURI GOSTA DE BRINCAR NO QUINTAL DE CASA COM SEU CACHORRO.

JÁ NOS DIAS CHUVOSOS, ELE PREFERE MONTAR QUEBRA-CABEÇAS DENTRO DE CASA.

- AGORA, DESENHE A SUA BRINCADEIRA PREFERIDA.

3. OBSERVE AS FOTOS A SEGUIR. ESCREVA O NOME DE CADA BRINCADEIRA REPRESENTADA NAS IMAGENS. DEPOIS, IDENTIFIQUE COM UM **X** A BRINCADEIRA MAIS COMUM NO PASSADO, NO PRESENTE OU NAS DUAS ÉPOCAS.

4. OBSERVE OS BRINQUEDOS ABAIXO.

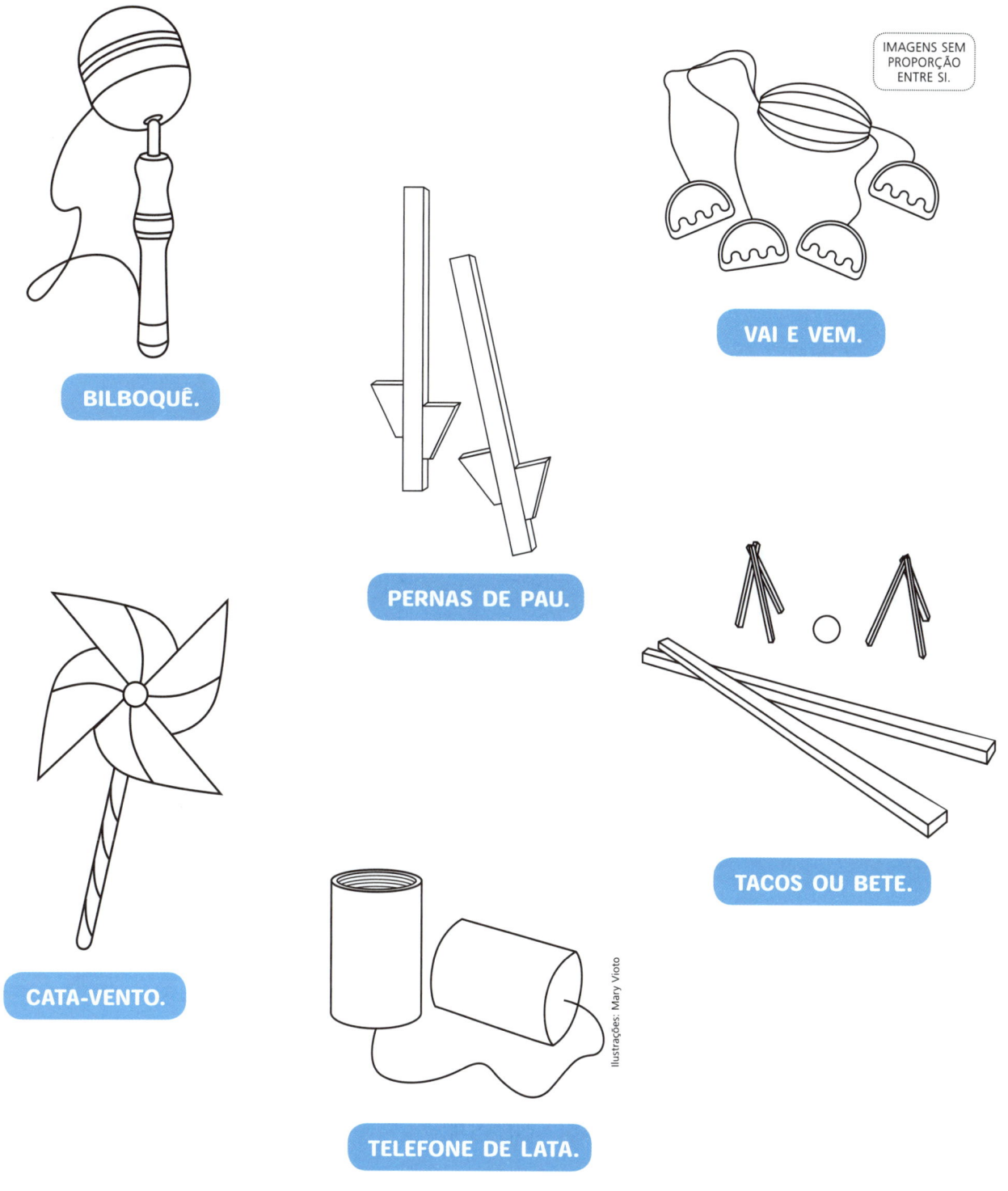

A. PINTE OS BRINQUEDOS QUE VOCÊ CONHECE.

B. PESQUISE INFORMAÇÕES, COM SEUS PAIS OU RESPONSÁVEIS, SOBRE OS BRINQUEDOS QUE VOCÊ NÃO CONHECE. ANOTE AS INFORMAÇÕES NO CADERNO E CONTE PARA SEUS COLEGAS.

POR DENTRO DO TEMA

DIVERSIDADE CULTURAL

BRINCADEIRA TAMBÉM TEM HISTÓRIA

VOCÊ SABIA QUE DIVERSOS BRINQUEDOS E BRINCADEIRAS QUE FAZEM PARTE DO DIA A DIA DE MUITAS CRIANÇAS FORAM CRIADOS HÁ MUITO TEMPO POR DIFERENTES POVOS?

AO LONGO DO TEMPO, ESSAS BRINCADEIRAS FORAM ENSINADAS PARA DIFERENTES PESSOAS, DANDO CONTINUIDADE AOS COSTUMES DOS POVOS QUE AS INVENTARAM.

CONHEÇA A ORIGEM DE ALGUMAS BRINCADEIRAS.

PULAR CORDA É UMA BRINCADEIRA DE ORIGEM AFRICANA.

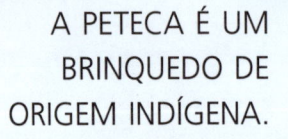

A PETECA É UM BRINQUEDO DE ORIGEM INDÍGENA.

A. VOCÊ SABE BRINCAR DAS BRINCADEIRAS MOSTRADAS?

B. VOCÊ CONHECIA A ORIGEM DESSES BRINQUEDOS OU DESSAS BRINCADEIRAS?

C. VOCÊ SABE QUAL É A ORIGEM DE ALGUM OUTRO BRINQUEDO OU BRINCADEIRA? EXPLIQUE AOS COLEGAS.

DIVIRTA-SE E APRENDA

CAMA DE GATO

MUITAS CRIANÇAS INDÍGENAS SE DIVERTEM COM UMA BRINCADEIRA CHAMADA **CAMA DE GATO**. ESSA BRINCADEIRA CONSISTE EM CRIAR DIVERSAS FORMAS COM UM BARBANTE ENTRELAÇADO NOS DEDOS DAS MÃOS.

CADA PARTICIPANTE DEVE PEGAR O BARBANTE DO OUTRO, PORÉM SEMPRE MUDANDO A SUA FORMA.

CONVIDE UM COLEGA E APRENDAM COMO BRINCAR DE CAMA DE GATO.

MATERIAL:

- PEDAÇO DE BARBANTE COM APROXIMADAMENTE UM METRO

A. AMARRE COM UM NÓ AS DUAS PONTAS DO FIO DO BARBANTE E O ESTIQUE CONFORME MOSTRA A FOTO AO LADO.

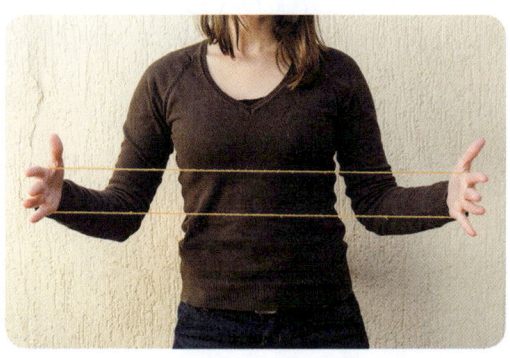

B. ENVOLVA O FIO NA PALMA DE UMA DAS MÃOS E O ESTIQUE.

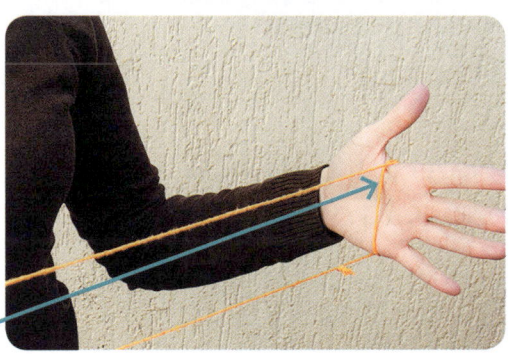

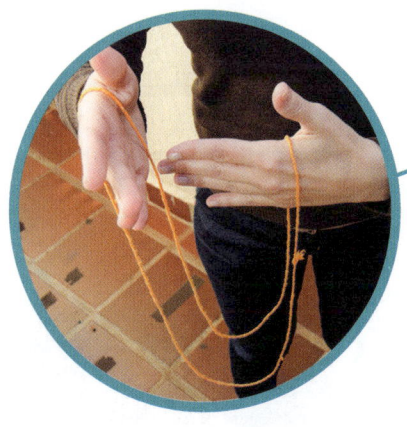

C. DEPOIS, FAÇA O MESMO COM A OUTRA PALMA DA MÃO.

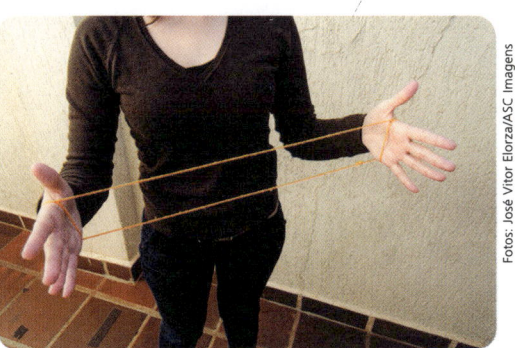

Fotos: José Vitor Elorza/ASC Imagens

D. PASSE O DEDO MÉDIO DE UMA DAS MÃOS EMBAIXO DO BARBANTE DA OUTRA MÃO E PUXE-O.

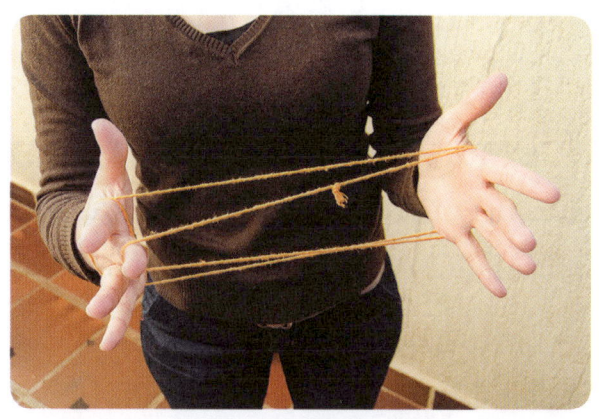

E. FAÇA O MESMO COM O DEDO MÉDIO DA OUTRA MÃO.

F. PEÇA A UM COLEGA QUE PEGUE A CAMA DE GATO QUE VOCÊ FEZ. PARA ISSO, ELE DEVE SEGURAR O CRUZAMENTO DOS FIOS COM OS DEDOS POLEGARES E INDICADORES E PASSÁ-LOS SOB O FIO QUE ESTÁ ESTENDIDO.

G. A BRINCADEIRA CONTINUA, UM PASSANDO PARA O OUTRO, SEMPRE CRIANDO NOVAS FORMAS.

Fotos: José Vitor Elorza/ASC Imagens

APRENDA MAIS!

O LIVRO UM MUNDO DE CRIANÇAS DESCREVE O MODO DE VIDA E A CULTURA DE CRIANÇAS DE VÁRIOS PAÍSES, ILUSTRANDO BRINCADEIRAS, ALIMENTAÇÃO, VESTUÁRIO E FESTAS.

UM MUNDO DE CRIANÇAS, DE ANA BUSCH E CAIO VILELA. SÃO PAULO: PANDA BOOKS, 2007.

O LIVRO O JEITO DE CADA UM: IGUAIS E DIFERENTES RETRATA O COTIDIANO DE ALGUNS ALUNOS NA ESCOLA EM QUE ESTUDAM. ELE MOSTRA QUE, MESMO SE DIFERENCIANDO NAS PREFERÊNCIAS, NAS AMIZADES E NA APARÊNCIA, TODAS AS PESSOAS MERECEM RESPEITO.

O JEITO DE CADA UM: IGUAIS E DIFERENTES, DE EDSON GABRIEL GARCIA. SÃO PAULO: FTD, 2001.

PONTO DE CHEGADA

1. VOCÊ E SEUS COLEGAS GOSTAM DAS MESMAS BRINCADEIRAS OU EXISTEM PREFERÊNCIAS DIFERENTES ENTRE VOCÊS?

2. AS BRINCADEIRAS DO PASSADO SÃO IGUAIS ÀS BRINCADEIRAS DE HOJE EM DIA? DÊ EXEMPLOS.

3. EM SUA OPINIÃO, É IMPORTANTE RESPEITAR GOSTOS E PREFERÊNCIAS DIFERENTES DAS SUAS? POR QUÊ?

UNIDADE 2
AO MEU REDOR

MENINA DESENHANDO.

PONTO DE PARTIDA

1. O QUE A MENINA DA FOTO DESENHOU?

2. ELA FEZ O DESENHO EM TAMANHO REDUZIDO OU EM TAMANHO REAL?

3. É POSSÍVEL DESENHAR O NOSSO CORPO EM TAMANHO REAL NUMA FOLHA DE CADERNO? POR QUÊ?

AO REDOR DO MEU CORPO

NOSSO CORPO POSSUI LADO **DIREITO**, LADO **ESQUERDO**, **FRENTE** E **TRÁS**. NAS FOTOS ABAIXO, MARA FOI FOTOGRAFADA EM POSIÇÕES DIFERENTES. OBSERVE-AS.

1. O QUE ACONTECEU COM A POSIÇÃO DO CORPO DA MENINA ENTRE AS DUAS IMAGENS? MARQUE UM **X** NA RESPOSTA CORRETA.

☐ O CORPO DA MENINA MUDOU DE POSIÇÃO.

☐ O CORPO DA MENINA NÃO MUDOU DE POSIÇÃO.

2. NA FOTO **A**, MARA ESTÁ SEGURANDO A BOLA COM A MÃO DIREITA OU COM A MÃO ESQUERDA? E NA FOTO **B**?

PRATIQUE E APRENDA

1. PINTE CADA UM DOS LADOS DO CORPO DE JOANA, CONFORME INDICADO A SEGUIR.

🟢 LADO ESQUERDO.   🟠 LADO DIREITO.

DE FRENTE

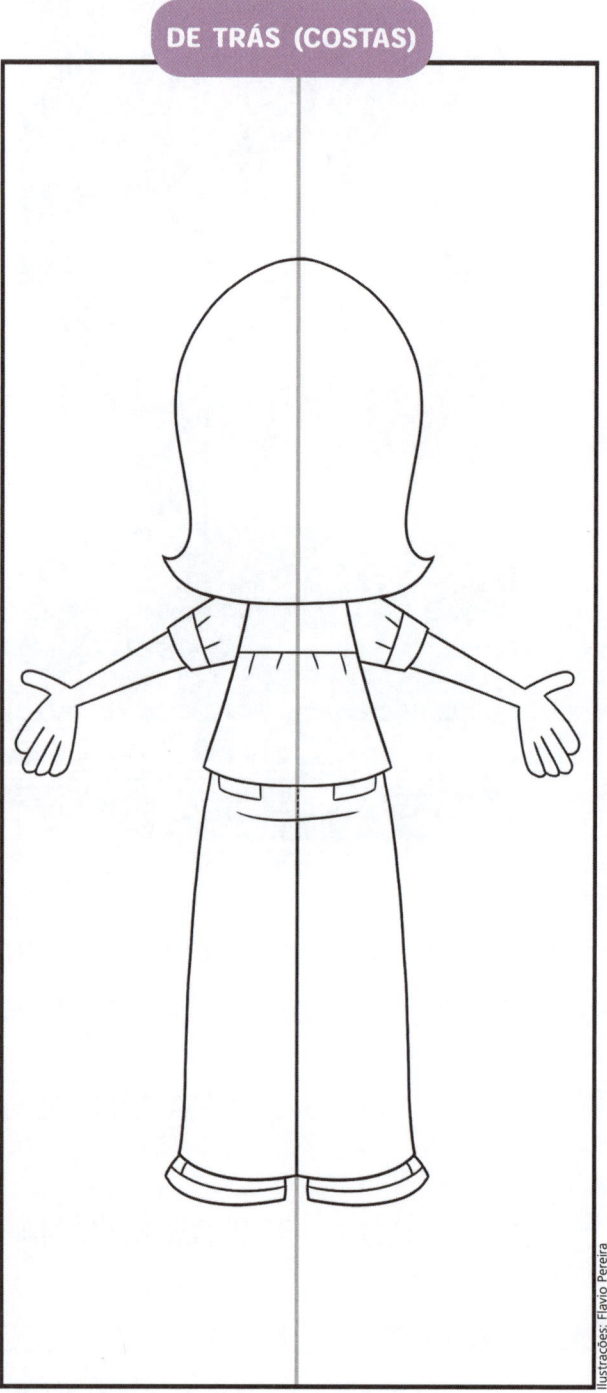

DE TRÁS (COSTAS)

DIVIRTA-SE E APRENDA

CAÇA AO TESOURO

VOCÊ JÁ BRINCOU DE CAÇA AO TESOURO? REALIZE ESSA DIVERTIDA BRINCADEIRA COM SEUS COLEGAS DA SALA.

A. DIVIDAM-SE EM DOIS GRUPOS. CADA GRUPO DEVE ESCOLHER UM OBJETO PARA SERVIR DE "TESOURO", COMO UM CADERNO OU UM ESTOJO. MANTENHAM O OBJETO EM SEGREDO, OU SEJA, UM GRUPO NÃO PODE SABER QUAL É O OBJETO DO OUTRO.

B. CADA GRUPO DEVERÁ CRIAR UM MAPA DO TESOURO CONTENDO TRAJETOS E DICAS DE ONDE ESTÁ ESSE TESOURO.

C. OS MAPAS PODEM INDICAR QUANTIDADE DE PASSOS E DIREÇÕES, COMO DIREITA, ESQUERDA, FRENTE, ORIENTANDO COMO ENCONTRAR AS DICAS QUE LEVAM ATÉ O TESOURO. O PROFESSOR VAI AJUDAR A ESCREVÊ-LAS.

VEJA, ABAIXO, O MAPA DOS ALUNOS DA PROFESSORA CARINA.

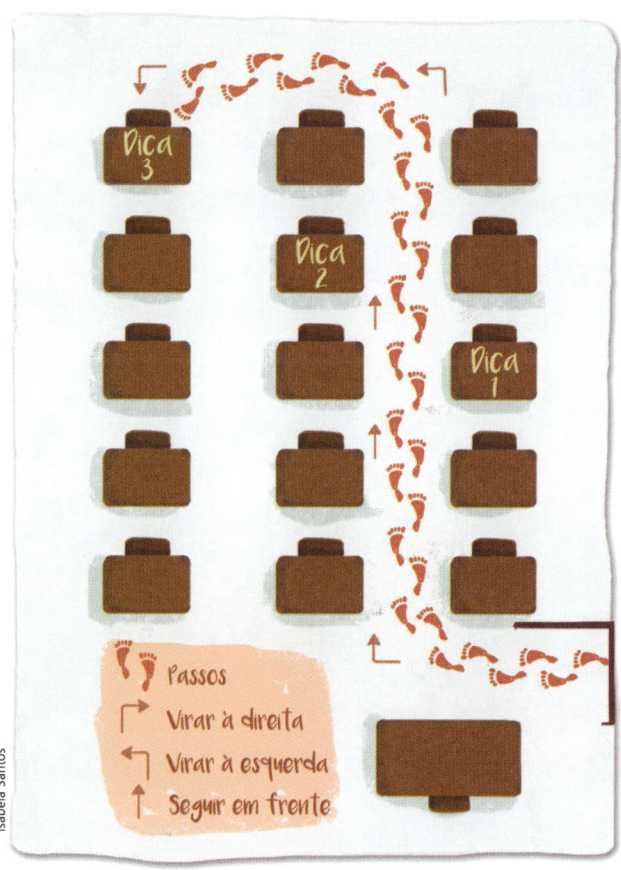

LOCALIZANDO O QUE EXISTE AO MEU REDOR

NARA ESTÁ BRINCANDO NO QUINTAL DA CASA ONDE MORA.

VEJA O QUE ESTÁ AO REDOR DE NARA TENDO COMO REFERÊNCIA O CORPO DELA.

NARA UTILIZOU O PRÓPRIO CORPO COMO **REFERÊNCIA** PARA LOCALIZAR O QUE ESTÁ AO SEU REDOR, OU SEJA, AO SEU LADO DIREITO, AO SEU LADO ESQUERDO, À SUA FRENTE E ATRÁS DELA.

PARA FAZER JUNTOS!

VAMOS FAZER UMA ATIVIDADE PRÁTICA COM O NOSSO CORPO.

A. EM PÉ, FORME COM OS COLEGAS UMA FILA DE FRENTE PARA O PROFESSOR. IDENTIFIQUE:

- QUEM OU O QUE ESTÁ IMEDIATAMENTE À SUA FRENTE? E ATRÁS DE VOCÊ?

B. EM SEGUIDA, EM FILA, FIQUE DE COSTAS PARA O PROFESSOR. IDENTIFIQUE:

- QUEM OU O QUE ESTÁ IMEDIATAMENTE À SUA FRENTE? E ATRÁS DE VOCÊ?

C. AGORA, FORME UM CÍRCULO COM OS COLEGAS. VEJA A IMAGEM AO LADO.

- QUEM OU O QUE ESTÁ IMEDIATAMENTE À SUA DIREITA? E À SUA ESQUERDA?

Ilustrações: Waldomiro Neto

PRATIQUE E APRENDA

1. AGORA, VAMOS LOCALIZAR O QUE EXISTE AO SEU REDOR NA SALA DE AULA. DEPOIS, DESENHE NOS ESPAÇOS ABAIXO O QUE OU QUEM ESTÁ LOCALIZADO:

À SUA FRENTE.

À SUA ESQUERDA.

À SUA DIREITA.

ATRÁS DE VOCÊ.

O MAPA DO CORPO

PODEMOS REPRESENTAR O NOSSO CORPO DE DIVERSAS MANEIRAS E TAMBÉM EM TAMANHOS VARIADOS. VEJA ALGUNS EXEMPLOS A SEGUIR.

CORPO HUMANO REPRESENTADO EM UMA FOTO.

CORPO HUMANO REPRESENTADO EM UM DESENHO.

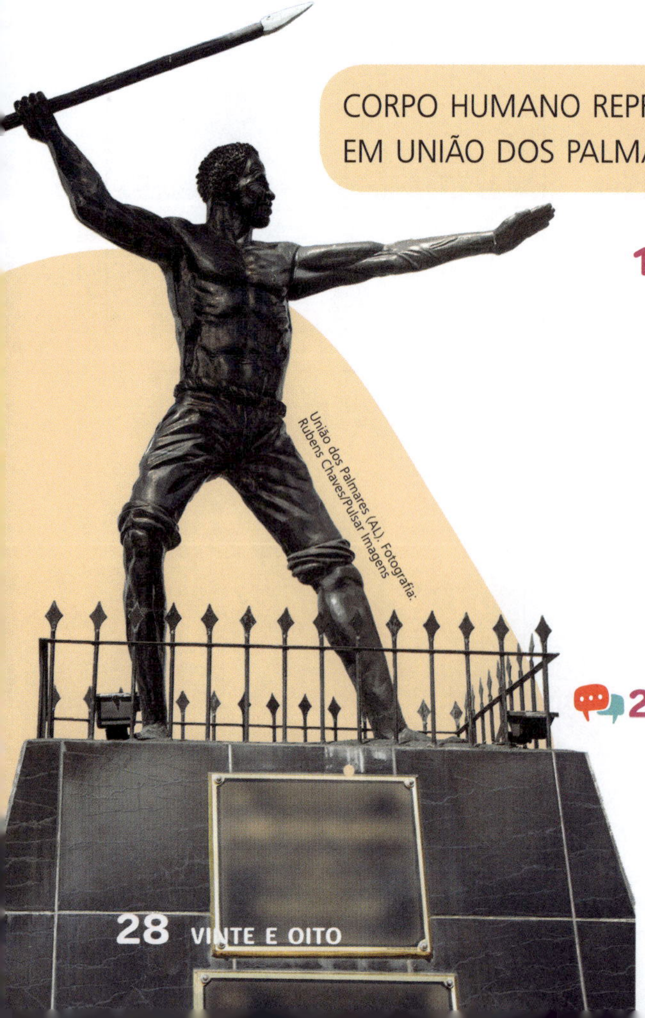

CORPO HUMANO REPRESENTADO EM UMA ESCULTURA, EM UNIÃO DOS PALMARES, ALAGOAS, EM 2015.

1. MARQUE UM **X** NAS MANEIRAS DE REPRESENTAR O CORPO HUMANO PRESENTES NESTA PÁGINA.

◯ FOTO. ◯ DESENHO.

◯ ESCULTURA. ◯ VÍDEO.

2. QUE OUTRAS MANEIRAS DE REPRESENTAR O CORPO HUMANO VOCÊ CONHECE? CONTE PARA SEUS COLEGAS.

PARA FAZER JUNTOS!

UMA MANEIRA DE REPRESENTAR NOSSO CORPO EM TAMANHO PRÓXIMO AO REAL É CHAMADA **MAPA DO CORPO**.

O MAPA DO CORPO É UM DESENHO QUE FAZEMOS COM BASE NA FORMA DO NOSSO CORPO.

AGORA, VOCÊ VAI APRENDER A FAZER O MAPA DO SEU CORPO.

MATERIAIS:

- UM PEDAÇO GRANDE DE PAPEL
- CANETA HIDROCOR OU GIZ DE CERA
- LÁPIS COLORIDOS
- TESOURA COM PONTAS ARREDONDADAS
- FITA ADESIVA

FORME DUPLA COM UM DE SEUS COLEGAS E, JUNTOS, FAÇAM SEUS MAPAS.

PARA ISSO, SIGAM AS ETAPAS INDICADAS NA PÁGINA A SEGUIR.

A. PRENDA O PEDAÇO DE PAPEL NO CHÃO COM FITA ADESIVA. DEITE-SE SOBRE ELE, DE COSTAS PARA O CHÃO.

B. PEÇA AO SEU COLEGA QUE FAÇA O CONTORNO DE SEU CORPO COM A CANETA HIDROCOR OU COM O GIZ DE CERA.

C. DEPOIS, É A VEZ DO SEU COLEGA. ELE VAI SE DEITAR SOBRE O OUTRO PEDAÇO DE PAPEL E VOCÊ VAI FAZER O CONTORNO DO CORPO DELE.

D. DEPOIS DE TRAÇADO, DESENHE E PINTE EM SEU MAPA DO CORPO PARA QUE FIQUE PARECIDO COM VOCÊ, TANTO NA PARTE DA FRENTE QUANTO NA PARTE DE TRÁS. DESENHE O ROSTO, AS ROUPAS E OS CALÇADOS. ESCREVA O SEU NOME NO DESENHO QUE REPRESENTA O SEU CORPO.

E. POR ÚLTIMO, RECORTE OS CONTORNOS DO SEU MAPA DO CORPO.

PRATIQUE E APRENDA

1. AGORA QUE VOCÊ JÁ PRODUZIU O MAPA DO SEU CORPO, VAMOS REALIZAR ALGUMAS ATIVIDADES COM ELE.

A. COLOQUE SEU MAPA DO CORPO À SUA FRENTE, DE COSTAS PARA VOCÊ. EM SEGUIDA, LEVANTE A MÃO DIREITA, A MÃO ESQUERDA E MOSTRE O LADO DE CIMA E O LADO DE BAIXO DELE.

B. AGORA, POSICIONE SEU MAPA DO CORPO DE FRENTE PARA VOCÊ, COMO SE ESTIVESSE OLHANDO UM ESPELHO. DEPOIS, LEVANTANDO AS MÃOS DO MAPA DO CORPO, IDENTIFIQUE NOVAMENTE A MÃO DIREITA E A MÃO ESQUERDA DELE.

Ilustrações: Edson Farias

2. OS ALUNOS DO 1º ANO DO PROFESSOR ADEMIR PRODUZIRAM MAPAS DO CORPO. DEPOIS FIXARAM UM AO LADO DO OUTRO NA PAREDE DA SALA DE AULA. VEJA.

AGORA, DE ACORDO COM A IMAGEM, IDENTIFIQUE:

A. QUAIS SÃO OS ALUNOS MAIS ALTOS DA SALA DE AULA DO PROFESSOR ADEMIR?

_____

B. QUAIS SÃO OS ALUNOS MAIS BAIXOS DA SALA DE AULA?

_____

C. QUAIS SÃO OS ALUNOS QUE POSSUEM A MESMA ALTURA?

_____

_____

3. COM A AJUDA DO PROFESSOR, FIXE NA PAREDE DA SALA ONDE VOCÊ ESTUDA O SEU MAPA DO CORPO. OBSERVANDO OS MAPAS DO CORPO DA TURMA, RESPONDA ÀS PERGUNTAS ABAIXO.

A. QUAIS SÃO OS ALUNOS MAIS ALTOS DA SALA DE AULA?

_____

B. QUAIS SÃO OS ALUNOS MAIS BAIXOS DA SALA DE AULA?

_____

C. QUAIS SÃO OS ALUNOS QUE POSSUEM A MESMA ALTURA?

_____

4. ESCOLHA DEZ ALUNOS DA SALA. FAÇA UMA LISTA COM O NOME DESSES ALUNOS EM ORDEM CRESCENTE DE ALTURA, OU SEJA, DO MAIS BAIXO PARA O MAIS ALTO.

1	**6**
2	**7**
3	**8**
4	**9**
5	**10**

TRINTA E TRÊS 33

POR DENTRO DO TEMA

DIVERSIDADE CULTURAL

IGUAIS E DIFERENTES!

LEIA O TEXTO A SEGUIR.

O JEITO DE CADA UM: IGUAIS E DIFERENTES

UMA DAS LEIS MAIS SÁBIAS DA NATUREZA É A **DIVERSIDADE**. VOCÊ JÁ PAROU PARA PENSAR NOS MILHARES DE TIPOS DE ANIMAIS, PLANTAS E MINERAIS QUE EXISTEM NO PLANETA? E NOS ALIMENTOS: CADA UM VINDO DE ALGUM LUGAR, COM SABOR E TEMPEROS DIFERENTES?

DIVERSIDADE: CARACTERÍSTICA DAQUILO QUE É VARIADO E DIFERENTE

Waldomiro Neto

AS ROUPAS, OS ADEREÇOS, OS CALÇADOS, OS PENTEADOS, TUDO EM QUANTIDADE E QUALIDADE INCONTÁVEIS.

E A LÍNGUA DE CADA POVO? COM DEZENAS DE SONS (E LETRAS) PODEM-SE CONSTRUIR INFINITAS FRASES.

É COM ESSE INCRÍVEL E INFINITO TESOURO DE DIVERSIDADE QUE CONSTRUÍMOS A BELEZA DO NOSSO COTIDIANO.

O JEITO DE CADA UM: IGUAIS E DIFERENTES, DE EDSON GABRIEL GARCIA. SÃO PAULO: FTD, 2001. P. 29.

A. CONFORME RETRATADO NO TEXTO, O QUE CONTRIBUI COM "A BELEZA DO NOSSO COTIDIANO"?

B. VOCÊ CONSIDERA IMPORTANTE RESPEITARMOS AS DIFERENÇAS ENTRE AS PESSOAS? CONVERSE SOBRE ISSO COM SEUS COLEGAS.

APRENDA MAIS!

O LIVRO *TUDO BEM SER DIFERENTE* TRATA, DE MODO DESCONTRAÍDO, DAS DIFERENÇAS ENTRE AS PESSOAS. NELE, PERCEBEMOS QUE SER DIFERENTE CONTRIBUI PARA A DIVERSIDADE DO MUNDO.

TUDO BEM SER DIFERENTE, DE TODD PARR. SÃO PAULO: PANDA BOOKS, 2002.

O LIVRO *A MENINA DA VOZ AMARELA* MOSTRA COMO A VIDA FICA MAIS COLORIDA E CRIATIVA POR CAUSA DA NOSSA DIVERSIDADE. ELE INCENTIVA CADA PESSOA A TER ORGULHO DA SUA VOZ NO MUNDO E, AO MESMO TEMPO, A AMAR OS OUTROS PELAS SUAS DIFERENÇAS.

A MENINA DA VOZ AMARELA, DE LULU LIMA. ILUSTRAÇÕES DE YASMIN MUNDACA. SÃO PAULO: MIL CARAMIOLAS, 2016.

O FILME *WINTER, O GOLFINHO* RETRATA A HISTÓRIA REAL E EMOCIONANTE DO GOLFINHO WINTER, QUE PERDE PARTE DE SUA CAUDA AO SER CAPTURADO POR PESCADORES. NO FILME, VEMOS COMO A HISTÓRIA DESSE GOLFINHO AJUDOU NA RECUPERAÇÃO E REABILITAÇÃO DE MUITAS CRIANÇAS AO REDOR DO MUNDO.

WINTER, O GOLFINHO. DIREÇÃO DE CHARLES MARTIN SMITH. ESTADOS UNIDOS: WARNER BROS PICTURES, 2011 (113 MIN.).

PONTO DE CHEGADA

1. OBSERVE A IMAGEM DA PÁGINA SEGUINTE. DEPOIS, RESPONDA ÀS QUESTÕES E CONVERSE SOBRE ELAS COM SEUS COLEGAS.

    A. O QUE TORNA AS CRIANÇAS DA IMAGEM DIFERENTES UMAS DAS OUTRAS?

    B. VOCÊ POSSUI AS MESMAS PREFERÊNCIAS DE BRINCADEIRAS EM RELAÇÃO ÀS CRIANÇAS RETRATADAS NA IMAGEM? EXPLIQUE.

C. O QUE ESTÁ ATRÁS DE MÁRIO?

D. QUEM ESTÁ AO LADO DIREITO DE JOÃO?

E. QUEM ESTÁ À FRENTE DE TÂNIA?

F. QUEM ESTÁ AO LADO ESQUERDO DE MANOEL?

UNIDADE 3
EU E OS LUGARES

CRIANÇAS NA ÁREA RURAL DO MUNICÍPIO DE ITU, SÃO PAULO, EM 2017.

PONTO DE PARTIDA

1. O QUE AS CRIANÇAS RETRATADAS NA FOTO ESTÃO FAZENDO?

2. ONDE AS CRIANÇAS ESTÃO?

3. DESCREVA PARA OS COLEGAS UM LUGAR ONDE VOCÊ GOSTA DE BRINCAR.

LUGARES QUE CONHEÇO

AS FOTOS A SEGUIR MOSTRAM OS DIFERENTES LUGARES QUE MARCELO FREQUENTA. OBSERVE.

MARCELO

A ESCOLA ONDE MARCELO ESTUDA.

A CASA DA AVÓ DE MARCELO.

O SÍTIO DOS TIOS DE MARCELO.

O PARQUE NA RUA ONDE MARCELO MORA.

1. QUAIS SÃO OS LUGARES QUE MARCELO COSTUMA FREQUENTAR? MARQUE UM **X** NAS RESPOSTAS CORRETAS.

- ◯ CASA DA AVÓ.
- ◯ FARMÁCIA.
- ◯ ESCOLA.
- ◯ PARQUE.
- ◯ PADARIA.
- ◯ SÍTIO DOS TIOS.

2. ASSIM COMO MARCELO, VOCÊ TAMBÉM CONHECE DIFERENTES LUGARES. CONTE PARA SEUS COLEGAS O NOME DE DOIS LUGARES QUE VOCÊ CONHECE E ALGUMAS DE SUAS CARACTERÍSTICAS.

PRATIQUE E APRENDA

1. NA ATIVIDADE **2**, DA PÁGINA ANTERIOR, VOCÊ CITOU LUGARES QUE CONHECE. AGORA, NO ESPAÇO ABAIXO, DESENHE UM DESSES LUGARES.

- MOSTRE SEU DESENHO AOS COLEGAS. DEPOIS, OBSERVE O DESENHO DELES. VERIFIQUE SE VOCÊS COSTUMAM FREQUENTAR OS MESMOS LUGARES. JUNTOS, COMPAREM AS CARACTERÍSTICAS DOS LUGARES QUE VOCÊS DESENHARAM.

LUGARES PARA TODOS

VIMOS QUE MARCELO COSTUMA FREQUENTAR DIFERENTES LUGARES, ENTRE ELES A ESCOLA PÚBLICA E O PARQUE.

ALÉM DE MARCELO, VÁRIAS OUTRAS PESSOAS TAMBÉM FREQUENTAM A ESCOLA E O PARQUE. ESSES LUGARES SÃO CHAMADOS DE **ESPAÇOS PÚBLICOS**.

OS ESPAÇOS PÚBLICOS SÃO LUGARES ADMINISTRADOS PELO GOVERNO (MUNICIPAL, ESTADUAL OU FEDERAL). ELES PERTENCEM À POPULAÇÃO E PODEM SER FREQUENTADOS POR TODAS AS PESSOAS.

VEJA OUTROS EXEMPLOS DE ESPAÇOS PÚBLICOS NAS FOTOS A SEGUIR.

RUAS E AVENIDAS TAMBÉM SÃO ESPAÇOS PÚBLICOS. NA FOTO AO LADO, VEMOS UMA AVENIDA DA CIDADE DE BELÉM, NO PARÁ, EM 2016.

tateyama/Shutterstock.com/ID/BR

Hans von Manteuffel/Pulsar Imagens

AS PRAIAS SÃO ESPAÇOS PÚBLICOS. NA FOTO AO LADO, VEMOS A PRAIA DE PONTA DO MANGUE, MARAGOGI, ALAGOAS, EM 2017.

USANDO OS ESPAÇOS PÚBLICOS

OS ESPAÇOS PÚBLICOS SÃO UTILIZADOS PARA A REALIZAÇÃO DE VÁRIAS ATIVIDADES. OBSERVE ALGUMAS DELAS.

NOS PARQUES, AS PESSOAS COSTUMAM SE EXERCITAR, RELAXAR, PASSEAR, LER E APRECIAR A PAISAGEM. ALÉM DISSO, ELAS TAMBÉM PODEM ASSISTIR A ALGUM EVENTO CULTURAL.

NA FOTO AO LADO, OBSERVAMOS O PARQUE DO IBIRAPUERA, NA CIDADE DE SÃO PAULO, CAPITAL DO ESTADO, EM 2015.

AS AVENIDAS E RUAS SÃO UTILIZADAS COMO VIAS DE DESLOCAMENTO DE PESSOAS E PRODUTOS.

NA FOTO AO LADO, OBSERVAMOS UMA RUA DA CIDADE DE ALTAMIRA, PARÁ, EM 2017.

- ESCOLHA UM ESPAÇO PÚBLICO NO MUNICÍPIO ONDE VOCÊ MORA E DESENHE ABAIXO COMO GERALMENTE ELE É UTILIZADO PELAS PESSOAS.

POR DENTRO DO TEMA

DIVERSIDADE CULTURAL

A CULTURA ESTÁ NAS RUAS

ALÉM DE ESPAÇO DE CIRCULAÇÃO, AS RUAS TAMBÉM SÃO USADAS PARA A REALIZAÇÃO DE DIFERENTES MANIFESTAÇÕES CULTURAIS. VAMOS CONHECER ALGUMAS DELAS NAS FOTOS A SEGUIR.

ALGUMAS RUAS ABRIGAM A ARTE DO GRAFITE. NESTA FOTO, OBSERVAMOS GRAFITE EM UMA RUA DA CIDADE DE SÃO PAULO, CAPITAL DO ESTADO, EM 2017.

FESTAS POPULARES TAMBÉM COSTUMAM OCUPAR RUAS. NESTA FOTO, VEMOS PESSOAS DANÇANDO EM UM BLOCO DE CARNAVAL, NA CIDADE DE OLINDA, PERNAMBUCO, EM 2017.

- QUE OUTRAS MANIFESTAÇÕES CULTURAIS REALIZADAS NO ESPAÇO DAS RUAS VOCÊ CONHECE?

QUE CURIOSO!

O NOME DAS RUAS

VOCÊ SABIA QUE O NOME DAS RUAS DE UM MUNICÍPIO PODE VARIAR BASTANTE?

ALGUMAS RUAS RECEBEM O NOME DE PERSONALIDADES HISTÓRICAS IMPORTANTES. OUTRAS TÊM NOME DE PLANTAS, PÁSSAROS, PAÍSES, ETC.

VEJA O NOME DE ALGUMAS RUAS NAS FOTOS ABAIXO.

PLACAS INDICANDO O NOME DAS RUAS EM VINHEDO, SÃO PAULO, EM 2017.

PLACA INDICANDO O NOME DA RUA EM SANTA MARIA, RIO GRANDE DO SUL, EM 2016.

- QUAL DOS NOMES DAS RUAS MAIS CHAMOU SUA ATENÇÃO? POR QUÊ? CONTE PARA SEUS COLEGAS.

> O NOME DA RUA ONDE MORO É AZALEIA. QUAL O NOME DA RUA ONDE VOCÊ MORA?

O ESPAÇO É MEU, É SEU, É DE TODOS!

OS ESPAÇOS PÚBLICOS PODEM SER FREQUENTADOS POR TODAS AS PESSOAS. MAS, PARA QUE POSSAMOS VIVENCIAR ESSES ESPAÇOS DE MANEIRA MAIS PROVEITOSA E AGRADÁVEL, É NECESSÁRIO QUE AS PESSOAS CONTRIBUAM PARA SUA CONSERVAÇÃO.

ALÉM DE CUIDADOS COM A LIMPEZA DO LUGAR, A CONVIVÊNCIA HARMONIOSA ENTRE AS PESSOAS TAMBÉM CONTRIBUI PARA QUE O LUGAR SEJA AGRADÁVEL.

- OBSERVE A FOTO ABAIXO. DEPOIS, CONVERSE COM SEUS COLEGAS E IDENTIFIQUE ALGUMAS ATITUDES QUE, NA OPINIÃO DE VOCÊS, CONTRIBUEM PARA FAZER DE UM ESPAÇO PÚBLICO UM LUGAR AGRADÁVEL PARA TODOS.

PRAÇA DA CIDADE DE BELÉM, PARÁ, EM 2017.

PRATIQUE E APRENDA

1. A FOTO ABAIXO MOSTRA UMA ATIVIDADE REALIZADA NO ESPAÇO DAS RUAS.

RUA DA CIDADE DE LONDRINA, PARANÁ, EM 2014.

A. ESCREVA A LETRA INICIAL DO NOME DE CADA FIGURA ABAIXO E, ASSIM, DESCUBRA A ATIVIDADE QUE ESTÁ SENDO REALIZADA NA RUA RETRATADA NA FOTO.

B. VOCÊ JÁ PARTICIPOU DE ALGUMA ATIVIDADE SEMELHANTE À MOSTRADA NA FOTO? SE SIM, ESCREVA O NOME DELA.

_____

C. AS RUAS PRÓXIMAS DE SUA CASA SÃO UTILIZADAS PARA ALGUMA ATIVIDADE SEMELHANTE À MOSTRADA NESTA PÁGINA? CONTE PARA SEUS COLEGAS.

A ESCOLA TAMBÉM É NOSSA

CONFORME VIMOS NA PÁGINA **39**, A ESCOLA É UM DOS LUGARES QUE MARCELO FREQUENTA.

A ESCOLA TAMBÉM É UM LUGAR QUE VOCÊ E SEUS COLEGAS FREQUENTAM.

- **NO ESPAÇO ABAIXO, DESENHE A ESCOLA ONDE VOCÊ ESTUDA.**

QUE CURIOSO!

O DIREITO DE ESTUDAR

VOCÊ SABIA QUE, NO BRASIL, TODAS AS CRIANÇAS A PARTIR DE QUATRO ANOS DE IDADE TÊM O DIREITO DE FREQUENTAR UMA ESCOLA?

O DOCUMENTO CONHECIDO COMO **CONVENÇÃO SOBRE OS DIREITOS DA CRIANÇA**, CRIADO EM 1989, APRESENTA ESSE DIREITO E VÁRIOS OUTROS.

PARA FAZER JUNTOS!

PARA QUE NOSSA ESCOLA SEJA UM AMBIENTE AGRADÁVEL, É IMPORTANTE ADOTARMOS ALGUMAS REGRAS DE BOA CONVIVÊNCIA.

VEJA A SEGUIR UMA REGRA DE CONVIVÊNCIA QUE EXISTE NA ESCOLA ONDE SARA ESTUDA.

NA ESCOLA ONDE ESTUDO, TODOS OS ALUNOS DEVEM RESPEITAR OS HORÁRIOS.

1. COM OS COLEGAS, CITE ALGUMAS REGRAS QUE EXISTEM NA ESCOLA ONDE VOCÊS ESTUDAM.

2. JUNTOS, PENSEM EM OUTRAS IMPORTANTES REGRAS QUE COLABORAM PARA O BOM CONVÍVIO ENTRE AS PESSOAS DA ESCOLA. EM SEGUIDA, DESENHE DUAS DELAS NOS ESPAÇOS ABAIXO.

PRATIQUE E APRENDA

IMAGENS SEM PROPORÇÃO ENTRE SI.

1. OBSERVE A IMAGEM AO LADO. DEPOIS, MARQUE UM **X** NA RESPOSTA CORRETA DAS QUESTÕES A SEGUIR.

Ilustrações: Natanaele Bilmaia

A. O QUE ESTÁ AO LADO DA MESA DO PROFESSOR?

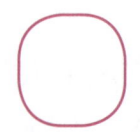

○ 🌸   ○ 🗑️ LIXO   ○ ✏️

B. O QUE ESTÁ DENTRO DA ESTANTE?

○ 🌸   ○ 📚

C. O  ✏️ ESTÁ:

○ EMBAIXO DA ESTANTE.   ○ EM CIMA DA MESA.

D. A ⚽ ESTÁ:

○ EMBAIXO DA ESTANTE.   ○ EM CIMA DA ESTANTE.

50 CINQUENTA

APRENDA MAIS!

NO *SITE CRIANÇA E NATUREZA* ENCONTRAMOS DICAS E IDEIAS PARA TRANSFORMAR UM ESPAÇO PÚBLICO EM UM LUGAR AGRADÁVEL.

PARA ISSO, PODEMOS SEGUIR O MANUAL *COMO SER UM BOA PRAÇA*, QUE APRESENTA ORIENTAÇÕES PARA A MELHORIA DAS CONDIÇÕES DE UMA PRAÇA, TORNANDO-A UM ESPAÇO DE DIVERSÃO E DE LAZER PARA TODOS.

<HTTPS://CRIANCAENATUREZA.ORG.BR/NOTICIAS/MANUAL-DA-DICAS-PARA-OCUPAR-E-RECUPERAR-PRACAS/>.

ACESSO EM: 28 NOV. 2017.

O LIVRO *"E EU COM ISSO?!"* – APRENDENDO SOBRE RESPEITO TRAZ ALGUMAS SITUAÇÕES DO DIA A DIA PARA MOSTRAR ATITUDES E RELAÇÕES DE RESPEITO QUE DEVEM EXISTIR ENTRE AS PESSOAS.

"E EU COM ISSO?!" APRENDENDO SOBRE RESPEITO, DE BRIAN MOSES E MIKE GORDON. SÃO PAULO: SCIPIONE, 1999 (COLEÇÃO VALORES).

PONTO DE CHEGADA

1. QUAL LUGAR EM COMUM VOCÊ E SEUS COLEGAS COSTUMAM FREQUENTAR?

2. QUAL ESPAÇO PÚBLICO DO MUNICÍPIO VOCÊ COSTUMA FREQUENTAR?

    A. QUE ATIVIDADE VOCÊ REALIZA NESSE ESPAÇO?

    B. EM SUA OPINIÃO, ESSE ESPAÇO PÚBLICO ESTÁ BEM CUIDADO?

3. VOCÊ TEM ADOTADO ATITUDES DE BOA CONVIVÊNCIA NA ESCOLA? CONTE PARA SEUS COLEGAS DUAS DESSAS ATITUDES.

4. CONVERSE COM SEUS PAIS OU RESPONSÁVEIS SOBRE REGRAS QUE COLABORAM COM UM BOM CONVÍVIO ENTRE AS PESSOAS QUE MORAM COM VOCÊ.

UNIDADE 4
OS LUGARES E O TRABALHO DAS PESSOAS

FUNCIONÁRIO LIMPANDO UMA PRAÇA, NA CIDADE DE CURITIBA, PARANÁ, EM 2015.

PONTO DE PARTIDA

1. O QUE A PESSOA RETRATADA NA FOTO ESTÁ FAZENDO?

2. VOCÊ SABE O NOME DA PROFISSÃO DAS PESSOAS QUE FAZEM ESSE TRABALHO?

3. VOCÊ JÁ OBSERVOU ALGUM PROFISSIONAL COMO O DA FOTO TRABALHANDO NO MUNICÍPIO ONDE VOCÊ MORA?

O TRABALHO EM NOSSO DIA A DIA

NOS DIFERENTES LUGARES QUE FREQUENTAMOS, PODEMOS OBSERVAR O TRABALHO DE DIVERSAS PESSOAS.

VEJA, A SEGUIR, ALGUNS EXEMPLOS DE PROFISSÕES QUE CAIO OBSERVA QUANDO VAI AO PARQUE.

QUANDO VOU AO PARQUE, OBSERVO QUE HÁ PESSOAS TRABALHANDO.

PIPOQUEIRO.

VENDEDORA DE BRINQUEDOS.

SORVETEIRO.

GARI.

SEGURANÇA.

PRATIQUE E APRENDA

1. COMPLETE AS PALAVRAS COM AS VOGAIS QUE ESTÃO FALTANDO E DESCUBRA O NOME DE ALGUMAS PROFISSÕES. DEPOIS CIRCULE OS PROFISSIONAIS QUE VOCÊ OBSERVA EM SEU DIA A DIA.

___P___RÁRI___.   PR___F___SS___R.   J___RD___NEIR___.

P___L___CIAL.   D___NT___ST___.   MÉD___C___.

2. ESCOLHA UMA PESSOA DE SUA FAMÍLIA E FAÇA UM DESENHO SOBRE A PROFISSÃO DELA. NÃO SE ESQUEÇA DE DESENHAR ALGUNS INSTRUMENTOS OU OBJETOS QUE ELA UTILIZA DIARIAMENTE EM SEU TRABALHO.

3. CONVERSE COM SEUS COLEGAS SOBRE COMO TRABALHAM OS PROFISSIONAIS QUE VOCÊ CIRCULOU NA QUESTÃO **1**, DA PÁGINA ANTERIOR, E DESENHOU NA QUESTÃO **2**, DESTA PÁGINA. CONTE O QUE ELES FAZEM NA PROFISSÃO DELES.

QUE CURIOSO!

PROFISSIONAIS QUE TRABALHAM À NOITE

VOCÊ SABIA QUE DURANTE A NOITE, ENQUANTO VOCÊ ESTÁ DORMINDO, MUITAS PESSOAS ESTÃO TRABALHANDO?

VEJA ALGUNS EXEMPLOS.

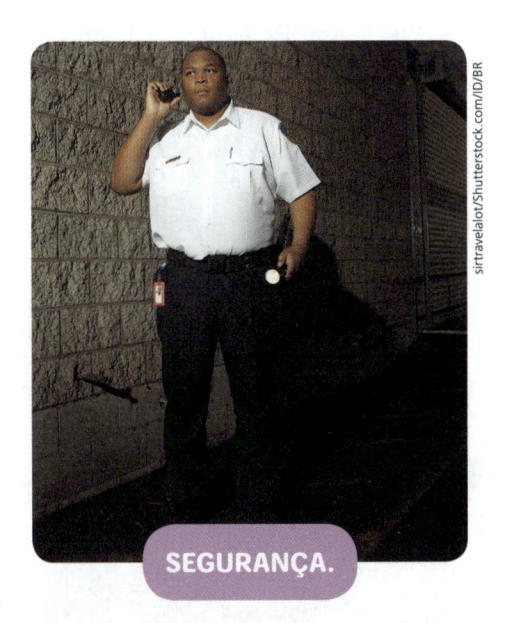

SEGURANÇA.

BOMBEIRO.

MÉDICA.

TAXISTA.

- VOCÊ CONHECE ALGUM PROFISSIONAL QUE TRABALHA DURANTE A NOITE? CONTE PARA SEUS COLEGAS QUAL É A ATIVIDADE DESSE PROFISSIONAL.

POR DENTRO DO TEMA

SAÚDE

HÁBITOS SAUDÁVEIS NOS DIAS QUENTES

NA PÁGINA **53**, CAIO COMENTOU QUE VAI AO PARQUE. VOCÊ TAMBÉM COSTUMA IR AO PARQUE?

SE VOCÊ COSTUMA IR AO PARQUE EM DIAS DE CALOR, FIQUE ATENTO! NOS DIAS ENSOLARADOS E MUITO QUENTES, É IMPORTANTE ADOTARMOS UMA ROTINA SAUDÁVEL PARA QUE O INTENSO CALOR NÃO PREJUDIQUE A NOSSA SAÚDE.

VEJA ALGUNS CUIDADOS QUE DEVEMOS TER EM DIAS ASSIM.

USAR ROUPAS LEVES, DE PREFERÊNCIA DE CORES CLARAS, E BEBER BASTANTE ÁGUA.

APROVEITAR OS RAIOS SOLARES ANTES DA METADE DA MANHÃ E DEPOIS DO MEIO DA TARDE.

OS RISCOS DOS RAIOS SOLARES

FICAR MUITO TEMPO EXPOSTO À LUZ SOLAR, PRINCIPALMENTE NOS HORÁRIOS INAPROPRIADOS, E SEM TOMAR OS DEVIDOS CUIDADOS, PODE PROVOCAR QUEIMADURAS NA NOSSA PELE, DESIDRATAÇÃO DO NOSSO CORPO E O SURGIMENTO DE DOENÇAS. POR ISSO, A PREVENÇÃO CONTRA ESSES RISCOS À SAÚDE DEVE SER DIÁRIA.

A. EM QUAL PERÍODO DO DIA VOCÊ COSTUMA FICAR EXPOSTO À LUZ SOLAR?

B. QUAIS DAS ATITUDES RETRATADAS NA IMAGEM REPRESENTAM O QUE VOCÊ COSTUMA FAZER PARA CUIDAR DA SUA SAÚDE EM DIAS ENSOLARADOS E DE MUITO CALOR? CONTE PARA OS COLEGAS.

USAR BONÉ, CHAPÉU E ÓCULOS DE SOL AO FICAR EXPOSTO À LUZ SOLAR.

APLICAR PROTETOR SOLAR ANTES DE SAIR DE CASA E REAPLICÁ-LO A CADA DUAS HORAS, INCLUSIVE NOS DIAS NUBLADOS.

O TRABALHO DAS PESSOAS NA ESCOLA

A ESCOLA É UM LUGAR ONDE TRABALHAM DIVERSOS PROFISSIONAIS. VAMOS CONHECER ALGUMAS PESSOAS QUE TRABALHAM NA ESCOLA ONDE MARIA ESTUDA.

TODOS OS PROFISSIONAIS DA ESCOLA SÃO MUITO IMPORTANTES. ELES FAZEM PARTE DA MINHA EDUCAÇÃO.

O PORTEIRO RECEBE OS ALUNOS.

O ZELADOR DEIXA TUDO BEM LIMPO.

AS COZINHEIRAS PREPARAM NOSSO LANCHE COM CARINHO.

60 SESSENTA

A BIBLIOTECÁRIA CUIDA DA ORGANIZAÇÃO DA BIBLIOTECA.

A DIRETORA CUIDA DA ADMINISTRAÇÃO DA ESCOLA.

O SECRETÁRIO CUIDA DOS DOCUMENTOS DA ESCOLA.

O PROFESSOR NOS ENSINA COISAS NOVAS TODOS OS DIAS.

PRATIQUE E APRENDA

1. PREENCHA AS LACUNAS COM AS SÍLABAS DO QUADRO E COMPLETE OS NOMES DE ALGUNS PROFISSIONAIS QUE TRABALHAM NA ESCOLA.

RE ▪ ZI ▪ RO ▪ SE ▪ LA ▪ FES

A [ ] CRE TÁ RIO   **D** ZE [ ] DOR

B CO [ ] NHEI RO   **E** DI [ ] TOR

C POR TEI [ ]   **F** PRO [ ] SOR

2. ESCOLHA UM PROFISSIONAL DA ESCOLA E FAÇA UM DESENHO SOBRE ELE. NÃO SE ESQUEÇA DE DESENHAR TAMBÉM OS INSTRUMENTOS QUE ELE UTILIZA EM SEU TRABALHO.

APRENDA MAIS!

O LIVRO *A CIDADE E O TRABALHO DO MEU PAI* MOSTRA A HISTÓRIA DE UM MENINO QUE, AO ACOMPANHAR SEU PAI DURANTE UM DIA DE TRABALHO, DESCOBRE VÁRIOS LUGARES DA CIDADE ONDE MORA E TAMBÉM DIVERSAS PROFISSÕES.

A CIDADE E O TRABALHO DO MEU PAI, DE ROSALY BRAGA CHIANCA E LEONARDO CHIANCA. SÃO PAULO: ÁTICA, 1997.

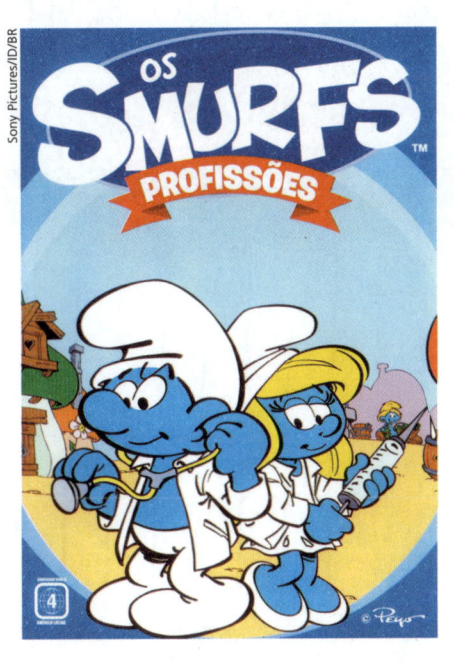

OS PERSONAGENS SMURFS COLOCAM SUAS HABILIDADES EM AÇÃO NO FILME *OS SMURFS* – PROFISSÕES, NO QUAL, DE MANEIRA DIVERTIDA, BUSCAM AO MÁXIMO APRENDER UMA PROFISSÃO.

OS SMURFS – PROFISSÕES. PEYO. BELGICA: SONY PICTURES, 1981 (120 MIN).

PONTO DE CHEGADA

1. CONVERSE COM SEUS COLEGAS SOBRE AS ATIVIDADES REALIZADAS PELOS PROFISSIONAIS QUE VOCÊ CONHECE.
2. POR QUE OS PROFISSIONAIS DA SUA ESCOLA SÃO IMPORTANTES? CONVERSE COM SEUS COLEGAS SOBRE ESSE ASSUNTO.
3. QUE PROFISSÃO VOCÊ GOSTARIA DE TER QUANDO CRESCER? CONTE AOS COLEGAS.

UNIDADE 5
A NOSSA CASA

FAMÍLIA DO POVO HUNI KUIN (KAXINAWÁ), EM FRENTE À SUA MORADIA, NA ALDEIA NOVO SEGREDO, EM JORDÃO, ACRE, EM 2016.

PONTO DE PARTIDA

1. O QUE A FOTO ESTÁ MOSTRANDO?
2. DESCREVA PARA SEUS COLEGAS ALGUMAS CARACTERÍSTICAS DA SUA MORADIA.

ONDE EU MORO

TODOS PRECISAMOS DE UM LUGAR PARA NOS ABRIGAR. ESSE É UM DOS MOTIVOS QUE TORNA NOSSA MORADIA UM LUGAR IMPORTANTE E ESPECIAL.

1. DESENHE A SUA MORADIA NO ESPAÇO ABAIXO.

2. MOSTRE O DESENHO QUE VOCÊ FEZ PARA OS COLEGAS. CONTE PARA ELES COMO É A SUA MORADIA.

AS CRIANÇAS MOSTRADAS A SEGUIR CITAM OS MOTIVOS QUE TORNAM A MORADIA UM LUGAR ESPECIAL PARA CADA UMA DELAS. VEJA:

"NA MINHA CASA, EU ME PROTEJO DO FRIO E DO CALOR."

FERNANDO.

"EU GOSTO DE BRINCAR COM MEUS BRINQUEDOS EM CASA."

MARIANA.

"EU MORO COM MINHA FAMÍLIA E GOSTO QUANDO OS AMIGOS VÊM NOS VISITAR."

TALITA E TÂNIA.

PRATIQUE E APRENDA

1. ACOMPANHE A LEITURA DO TEXTO A SEGUIR COM O PROFESSOR.

[...]

NA MINHA RUA TEM CASAS TÉRREAS, QUE SÃO CASAS BAIXINHAS COMO A DA TEREZINHA. E TEM CASAS ALTAS, COMO A DO CATAPIMBA, QUE TEM ESCADA DENTRO E CHAMA SOBRADO. E TEM A CASA DO ZECA, QUE FICA EM CIMA DA PADARIA. E TEM O PRÉDIO ONDE MORA O ALVINHO QUE É BEM ALTO E ATÉ TEM ELEVADOR.

[...]

A RUA DO MARCELO, DE RUTH ROCHA. ILUSTRAÇÕES DE ADALBERTO CORNAVACA. SÃO PAULO: SALAMANDRA, 2001. P. 10. (MARCELO, MARMELO, MARTELO).

- AGORA, DE ACORDO COM O TEXTO, LIGUE CADA MORADOR ÀS SUAS MORADIAS.

CATAPIMBA.

ALVINHO.

TEREZINHA.

ZECA.

COMO ESTÁ O TEMPO HOJE?

QUANDO ESTÁ FRIO, MUITAS VEZES, PREFERIMOS FICAR DENTRO DE CASA. NOS DIAS MAIS QUENTES, PROCURAMOS PRATICAR ATIVIDADES FORA DE CASA, AO AR LIVRE, PARA NOS REFRESCAR.

ENTÃO, VOCÊ JÁ PERCEBEU QUE, QUANDO A TEMPERATURA NO LUGAR ONDE VIVEMOS SE MODIFICA, OU SEJA, QUANDO FAZ MAIS CALOR OU QUANDO ESTÁ MAIS FRIO, MUDAM TAMBÉM ALGUNS DE NOSSOS HÁBITOS COTIDIANOS?

VEJA O QUE LUANA ESTÁ DIZENDO.

NOS DIAS QUENTES, EU E MINHA FAMÍLIA COSTUMAMOS BEBER MAIS ÁGUA E NOS ALIMENTAR COM COMIDAS REFRESCANTES, POR EXEMPLO, FRUTAS E SUCOS.

NESSES DIAS, PREFIRO USAR ROUPAS LEVES E GOSTO DE BRINCAR NO JARDIM.

JÁ NOS DIAS FRIOS, GOSTAMOS DE BEBIDAS QUENTES, COMO CHÁ, PARA NOS AQUECER. TAMBÉM USO AGASALHOS E PREFIRO BRINCAR DENTRO DE CASA.

Ilustrações: Agueda Horn

PRATIQUE E APRENDA

1. VOCÊ OBSERVOU O TEMPO HOJE ANTES DE SAIR DE CASA?

- MARQUE UM **X** NO SÍMBOLO QUE INDICA COMO ESTÁ O TEMPO HOJE NO LUGAR ONDE VOCÊ VIVE.

Ilustrações: Mary Vioto

2. FAÇA UM DESENHO PARA REPRESENTAR CADA UMA DAS SITUAÇÕES A SEGUIR.

A. UMA ROUPA QUE USA OU TIPO DE ALIMENTO QUE CONSOME NOS DIAS QUENTES.

B. UMA ROUPA QUE USA OU TIPO DE ALIMENTO QUE CONSOME NOS DIAS FRIOS.

POR DENTRO DO TEMA

DIREITOS HUMANOS

NÃO TER UMA CASA PARA MORAR

HÁ PESSOAS QUE NÃO POSSUEM UMA MORADIA. GERALMENTE, ELAS PROCURAM ABRIGO EM LUGARES INADEQUADOS PARA VIVER, COMO PRAÇAS, CALÇADAS, CONSTRUÇÕES ABANDONADAS, MARQUISES E VIADUTOS.

OBSERVE A FOTO ABAIXO.

MARQUISES: COBERTURAS SEM PAREDES LATERAIS
VIADUTOS: TIPOS DE PONTES CONSTRUÍDAS COMO VIA DE LOCOMOÇÃO DE PESSOAS E VEÍCULOS, DE UM PONTO AO OUTRO DO TERRENO

PESSOA EM SITUAÇÃO DE RUA, DEITADA NA PRAÇA PIEDADE, NA CIDADE DE SALVADOR, BAHIA, EM 2016.

A. EM SUA OPINIÃO, A CALÇADA É UM LUGAR ADEQUADO PARA MORAR? POR QUÊ?

B. NO LUGAR ONDE VOCÊ VIVE, EXISTEM PESSOAS EM SITUAÇÃO DE RUA?

C. EM SUA OPINIÃO, POR QUE É IMPORTANTE TER UMA CASA PARA MORAR? CONTE AOS COLEGAS.

DIFERENTES PONTOS DE VISTA

RICARDO CONVIDOU JANICE E FELIPE PARA BRINCAR COM O SEU CACHORRO PITOCO NA CASA ONDE MORA.

VERIFIQUE NA IMAGEM ABAIXO QUE, ENQUANTO ELES BRINCAM COM PITOCO, CADA UM DELES OBSERVA O CACHORRO DE UMA POSIÇÃO DIFERENTE.

JANICE VÊ O CACHORRO **DO ALTO E DE LADO**.

EM PÉ, FELIPE OBSERVA PITOCO **DO ALTO E DE CIMA PARA BAIXO**.

SENTADO NO CHÃO, RICARDO OBSERVA PITOCO **DE FRENTE**.

AS DIFERENTES POSIÇÕES DE ONDE CADA CRIANÇA OBSERVOU PITOCO SÃO CHAMADAS **PONTOS DE VISTA**.

PRATIQUE E APRENDA

1. LIGUE CORRETAMENTE AS FOTOS DAS CANECAS AOS DIFERENTES PONTOS DE VISTA DESCRITOS NOS QUADROS.

PONTO DE VISTA: DO ALTO E DE CIMA PARA BAIXO.

PONTO DE VISTA: DE FRENTE.

PONTO DE VISTA: DO ALTO E DE LADO.

Fotos: José Vitor Elorza/ASC Imagens

2. ESCREVA O NOME DOS OBJETOS REPRESENTADOS NAS FOTOS.

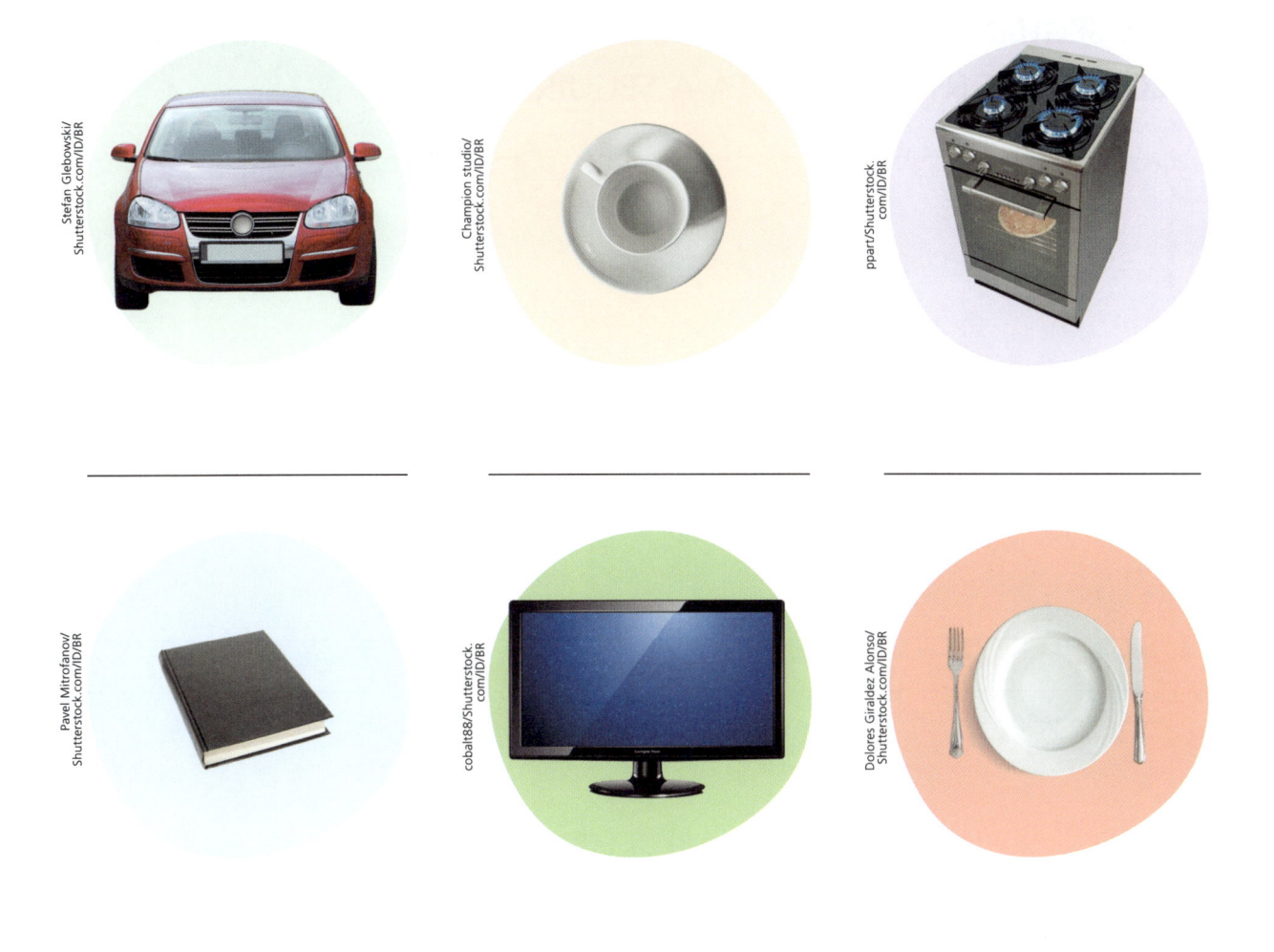

_____   _____   _____

_____   _____   _____

- NO QUADRO ABAIXO, ESCREVA O NOME DOS OBJETOS QUE FORAM REPRESENTADOS EM CADA UM DOS PONTOS DE VISTA.

DE FRENTE	DO ALTO E DE LADO	DO ALTO E DE CIMA PARA BAIXO

3. ESCOLHA UM OBJETO DE SUA CASA OU DE SUA SALA DE AULA. EM SEGUIDA, DESENHE-O NOS ESPAÇOS ABAIXO DE ACORDO COM OS PONTOS DE VISTA A SEGUIR.

DE FRENTE.

DO ALTO E DE LADO.

DO ALTO E DE CIMA PARA BAIXO.

APRENDA MAIS!

O LIVRO *A CHUVARADA* MOSTRA COMO A MUDANÇA NO TEMPO PODE TRANSFORMAR A VIDA DOS ANIMAIS QUE VIVEM NO JARDIM. DE MANEIRA DIVERTIDA, O LIVRO RETRATA A CHEGADA DA CHUVA E A CORRIDA DOS ANIMAIS EM BUSCA DE ABRIGO NO JARDIM.

A CHUVARADA, DE ISABELLA CARPANEDA E ANGIOLINA BRAGANÇA. SÃO PAULO: FTD, 2006.

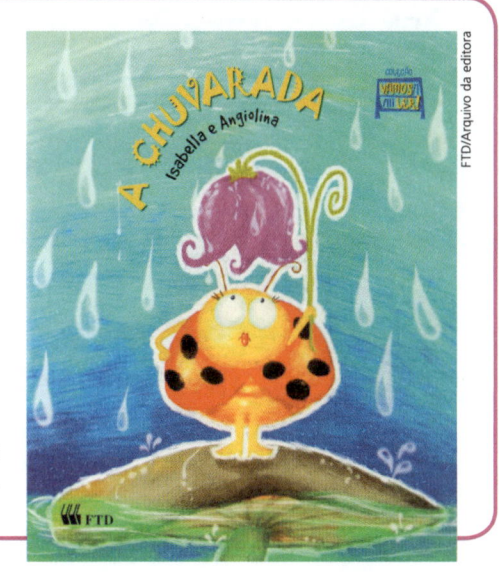

PONTO DE CHEGADA

1. CONTE PARA SEUS COLEGAS POR QUE SUA CASA É IMPORTANTE PARA VOCÊ.

2. EM SUA OPINIÃO, QUAIS DIFICULDADES AS PESSOAS EM SITUAÇÃO DE RUA PASSAM EM SEU DIA A DIA? CONTE PARA SEUS COLEGAS.

3. EM QUAL PONTO DE VISTA A MORADIA DA FOTO ABAIXO ESTÁ REPRESENTADA?

MORADIA NO MUNICÍPIO DE OURO FINO, MINAS GERAIS, EM 2016.

UNIDADE 6
QUANTAS MORADIAS DIFERENTES

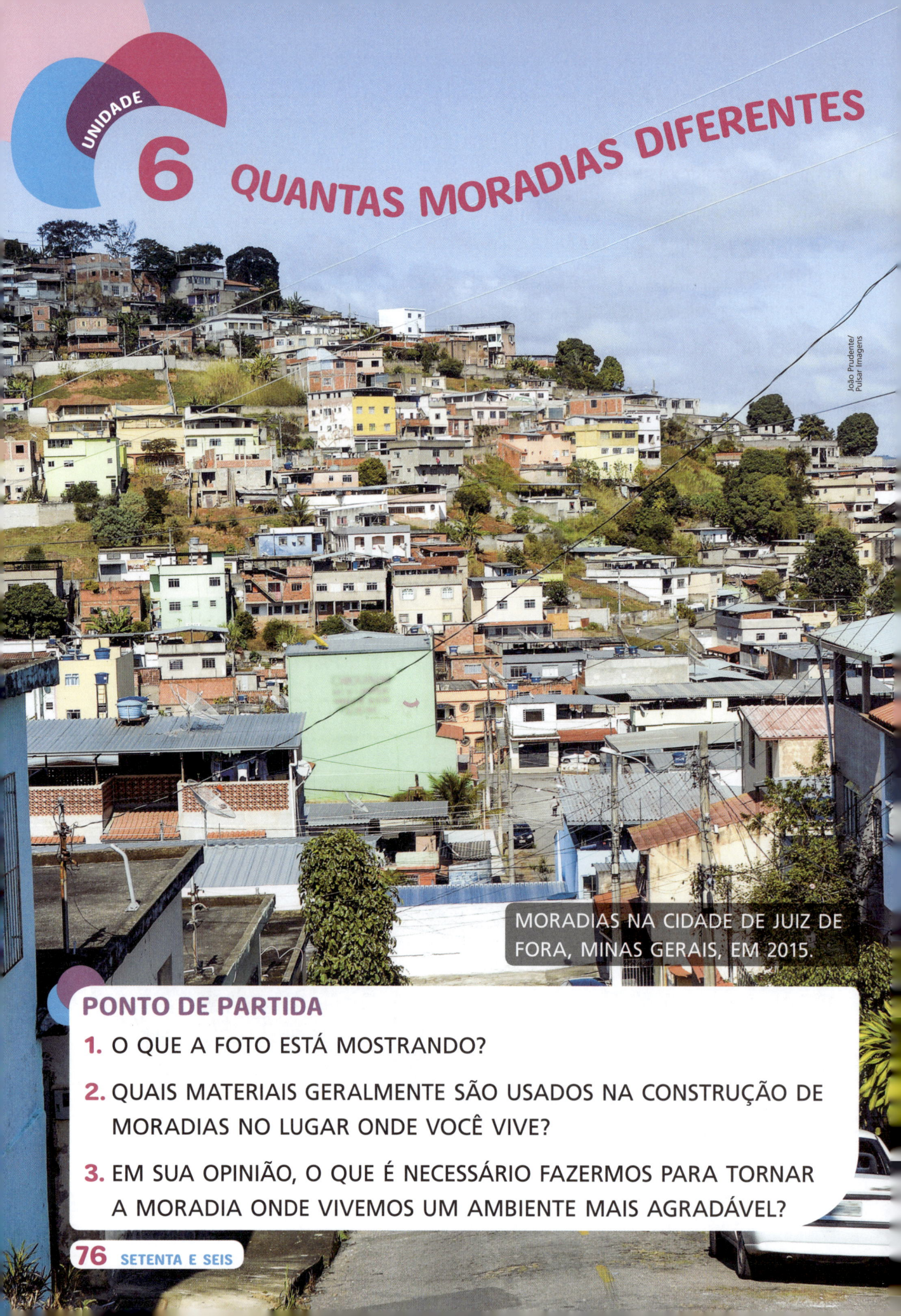

MORADIAS NA CIDADE DE JUIZ DE FORA, MINAS GERAIS, EM 2015.

PONTO DE PARTIDA

1. O QUE A FOTO ESTÁ MOSTRANDO?

2. QUAIS MATERIAIS GERALMENTE SÃO USADOS NA CONSTRUÇÃO DE MORADIAS NO LUGAR ONDE VOCÊ VIVE?

3. EM SUA OPINIÃO, O QUE É NECESSÁRIO FAZERMOS PARA TORNAR A MORADIA ONDE VIVEMOS UM AMBIENTE MAIS AGRADÁVEL?

AS MORADIAS SÃO DIFERENTES

AO CAMINHAR PELAS RUAS, PERCEBEMOS QUE AS MORADIAS SÃO DIFERENTES UMAS DAS OUTRAS. ELAS PODEM SE DIFERENCIAR, POR EXEMPLO, NO TAMANHO, NAS CORES, PELOS MATERIAIS UTILIZADOS NA SUA CONSTRUÇÃO E, AINDA, POR SUA LOCALIZAÇÃO. OBSERVE AS FOTOS ABAIXO.

- AS **CASAS TÉRREAS** SÃO FORMADAS POR APENAS UM PAVIMENTO, OU SEJA, UM PISO OU UM ANDAR.

CASA TÉRREA LOCALIZADA EM SABARÁ, MINAS GERAIS, EM 2016.

- OS **SOBRADOS** SÃO MORADIAS QUE POSSUEM DOIS OU MAIS PAVIMENTOS.

SOBRADO LOCALIZADO EM RIO GRANDE, RIO GRANDE DO SUL, EM 2016.

- OS **APARTAMENTOS** SÃO MORADIAS CONSTRUÍDAS UMAS SOBRE AS OUTRAS, COM MUITOS PAVIMENTOS, FORMANDO UM PRÉDIO.

PRÉDIOS DE APARTAMENTOS, EM LONDRINA, PARANÁ, EM 2017.

- A SUA MORADIA É UMA CASA TÉRREA, UM SOBRADO OU UM APARTAMENTO?

PARA FAZER JUNTOS!

VAMOS PESQUISAR EM QUAL TIPO DE MORADIA A MAIORIA DOS ALUNOS DA SALA VIVE. PARA ISSO, O PROFESSOR PERGUNTARÁ EM QUE TIPO DE MORADIA CADA UM DE VOCÊS MORA: CASA TÉRREA, SOBRADO OU APARTAMENTO.

1. ABAIXO, PINTE UM QUADRADINHO PARA CADA RESPOSTA.

IMAGENS SEM PROPORÇÃO ENTRE SI.

CASA TÉRREA.

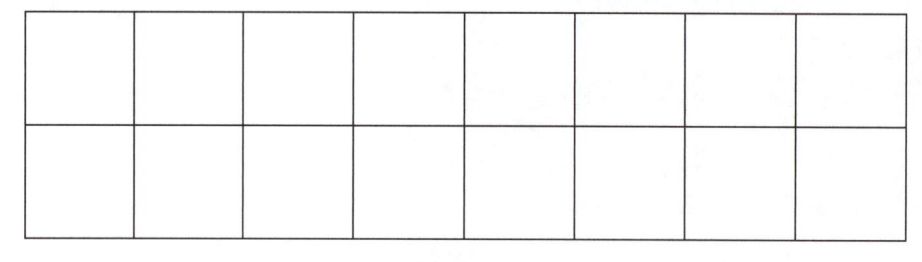

SOBRADO.

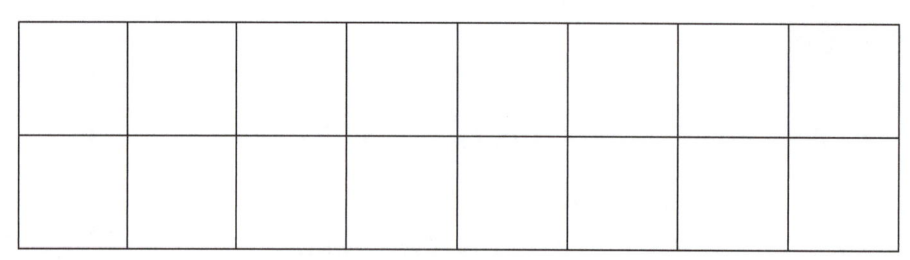

APARTAMENTO.

2. AGORA, MARQUE UM **X** NO TIPO DE MORADIA EM QUE GRANDE PARTE DOS ALUNOS DA SUA SALA VIVE.

◯ CASA TÉRREA.   ◯ SOBRADO.   ◯ APARTAMENTO.

OS MATERIAIS USADOS NA CONSTRUÇÃO DAS MORADIAS

AS MORADIAS SE DIFERENCIAM PELOS TIPOS DE MATERIAIS UTILIZADOS EM SUA CONSTRUÇÃO, COMO MADEIRA, CIMENTO, FERRO E TIJOLOS. VEJA AS FOTOS A SEGUIR.

A

MORADIA LOCALIZADA EM ILHABELA, SÃO PAULO, EM 2016.

AS MORADIAS TAMBÉM SÃO DIFERENTES DE ACORDO COM O LUGAR ONDE ESTÃO LOCALIZADAS. AS **PALAFITAS**, POR EXEMPLO, SÃO CONSTRUÍDAS SOBRE ESTACAS DE MADEIRA, GERALMENTE, LOCALIZADAS NAS MARGENS DE RIOS OU EM ÁREAS QUE PODEM SER INUNDADAS.

B MORADIAS DE PALAFITA, LOCALIZADAS ÀS MARGENS DO RIO AMAZONAS EM MANAUS, AMAZONAS, EM 2015.

PRATIQUE E APRENDA

1. AGORA, ESCREVA A LETRA CORRESPONDENTE A CADA MORADIA DA PÁGINA ANTERIOR NOS PRINCIPAIS MATERIAIS UTILIZADOS EM SUA CONSTRUÇÃO. VEJA A LISTA DE MATERIAIS A SEGUIR.

FERRO.

TIJOLO.

AREIA.

TELHA DE FIBROCIMENTO.

TELHA DE BARRO.

FOLHA DE PALMEIRA.

MADEIRA.

PREGOS.

CIMENTO.

- MARQUE UM **X** NO TIPO DE MATERIAL QUE NÃO FOI UTILIZADO NAS MORADIAS MOSTRADAS NA PÁGINA ANTERIOR.

2. CONVERSE COM UM ADULTO QUE MORA COM VOCÊ E, JUNTOS, IDENTIFIQUEM OS PRINCIPAIS MATERIAIS UTILIZADOS NA CONSTRUÇÃO DA MORADIA ONDE VOCÊS VIVEM. ESCREVA, NA LISTA ABAIXO, O NOME DOS MATERIAIS QUE IDENTIFICARAM. VEJA O MODELO.

PARTE DA MINHA MORADIA	MATERIAL DE CONSTRUÇÃO
JANELAS.	VIDROS.

CONSTRUINDO MORADIAS

GERALMENTE, VÁRIOS PROFISSIONAIS ESTÃO ENVOLVIDOS NA CONSTRUÇÃO DE UMA MORADIA. VEJA ALGUNS DELES.

OS ENGENHEIROS DESENVOLVEM OS PROJETOS DE CONSTRUÇÃO OU REFORMAS DAS MORADIAS.

OS PEDREIROS REALIZAM A CONSTRUÇÃO OU A REFORMA DA OBRA PROJETADA PELO ENGENHEIRO.

OS ELETRICISTAS REALIZAM A INSTALAÇÃO OU A MANUTENÇÃO DAS INSTALAÇÕES ELÉTRICAS, COMO FIOS E TOMADAS.

OS PINTORES PINTAM AS SUPERFÍCIES DA CONSTRUÇÃO, COMO AS PAREDES E O CHÃO.

- QUE OUTROS PROFISSIONAIS ENVOLVIDOS NA CONSTRUÇÃO OU NA REFORMA DE UMA MORADIA VOCÊ CONHECE? QUE TRABALHO ELE REALIZA? CONTE PARA SEUS COLEGAS.

A CONSTRUÇÃO DE UMA MORADIA INDÍGENA

NA MAIOR PARTE DOS POVOS INDÍGENAS, SÃO OS HOMENS QUEM CONSTROEM AS MORADIAS. VEJA AS FOTOS A SEGUIR.

MORADIA INDÍGENA DO POVO KRAHÔ, EM ITACAJÁ, TOCANTINS, EM 2016.

MORADIAS INDÍGENAS DOS POVOS APARAI E WAYANA, EM LARANJAL DO JARI, AMAPÁ, EM 2015.

ASSIM COMO OS POVOS INDÍGENAS SÃO DIFERENTES, CADA UM DESSES POVOS TAMBÉM CONSTRÓI DIFERENTES TIPOS DE MORADIA.

OS MATERIAIS USADOS NA CONSTRUÇÃO DAS MORADIAS, A DIVISÃO DO SEU INTERIOR E A FORMA DA CONSTRUÇÃO VARIAM BASTANTE ENTRE OS POVOS INDÍGENAS.

- FAÇA UMA PESQUISA SOBRE AS MORADIAS INDÍGENAS. ESCOLHA UM DESSES POVOS INDÍGENAS E IDENTIFIQUE QUE MATERIAIS SÃO USADOS NA CONSTRUÇÃO DE SUAS MORADIAS.

PRATIQUE E APRENDA

1. PESQUISE EM JORNAIS OU REVISTAS IMAGENS DE PROFISSIONAIS QUE REALIZAM ALGUM TIPO DE ATIVIDADE RELACIONADA À CONSTRUÇÃO OU AO COTIDIANO DE UMA MORADIA. COLE NO ESPAÇO ABAIXO. VOCÊ PODE DESENHAR, SE QUISER. ESCREVA O NOME DA PROFISSÃO RETRATADA.

POR DENTRO DO TEMA

VIDA FAMILIAR E SOCIAL

COOPERAÇÃO EM CASA

TODOS PODEM COOPERAR COM A ORGANIZAÇÃO E A LIMPEZA DA CASA ONDE MORAM, REALIZANDO ALGUMAS ATIVIDADES.

TODAS AS CRIANÇAS QUE PARTICIPARAM DE UMA BRINCADEIRA, POR EXEMPLO, PODEM GUARDAR OS BRINQUEDOS DEPOIS DE BRINCAREM JUNTAS. ISSO É UMA ATITUDE DE COOPERAÇÃO.

VEJA O QUE LUCAS ESTÁ FAZENDO PARA AJUDAR A SUA FAMÍLIA NA ORGANIZAÇÃO DA SUA MORADIA.

> PODE DEIXAR QUE EU TIRO O PRATO SUJO DA MESA.

> OBRIGADA, FILHO!

Isabela Santos

- CONVERSE COM SEUS COLEGAS E IDENTIFIQUE ALGUMAS ATIVIDADES QUE VOCÊS PODEM ADOTAR PARA COOPERAR COM OS CUIDADOS COM A SUA MORADIA.

PARA FAZER JUNTOS!

ALÉM DA ORGANIZAÇÃO E DA LIMPEZA DA CASA, ESTAR EM UM AMBIENTE DE RESPEITO É MUITO IMPORTANTE PARA VIVERMOS BEM.

1. COM OS COLEGAS, IDENTIFIQUE QUATRO REGRAS DE CONVÍVIO QUE TODOS PODEMOS TER EM CASA.

2. DEPOIS, DESENHE AS REGRAS NOS ESPAÇOS ABAIXO.

3. MOSTRE OS DESENHOS DAS REGRAS AOS SEUS PAIS OU RESPONSÁVEIS E COMBINE COM ELES ALGUMAS DELAS PARA MELHORAR A CONVIVÊNCIA EM CASA.

APRENDA MAIS!

O LIVRO *CASA* APRESENTA PARA AS CRIANÇAS OS MAIS DIVERSOS TIPOS DE MORADIA E, AO MESMO TEMPO, ENSINA ALGUMAS DAS DIFERENÇAS NO MODO COMO AS PESSOAS VIVEM.

CASA, DE ANNA CLAUDIA RAMOS. ILUSTRAÇÕES DE ANA RAQUEL. BELO HORIZONTE: FORMATO EDITORIAL, 2000. COLEÇÃO TODO MUNDO TEM.

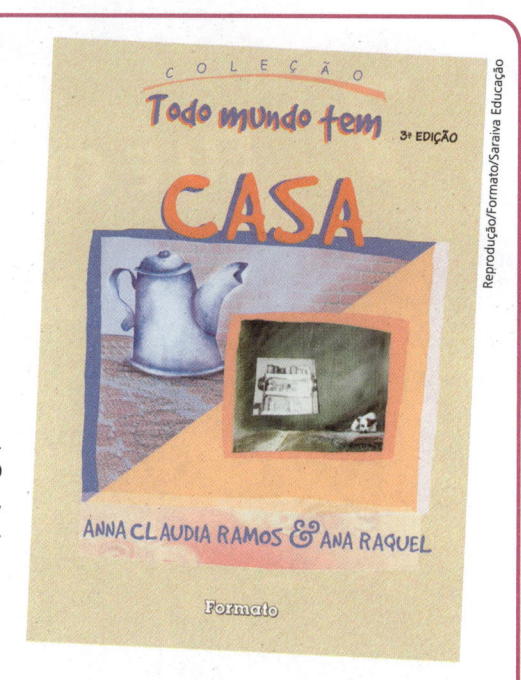

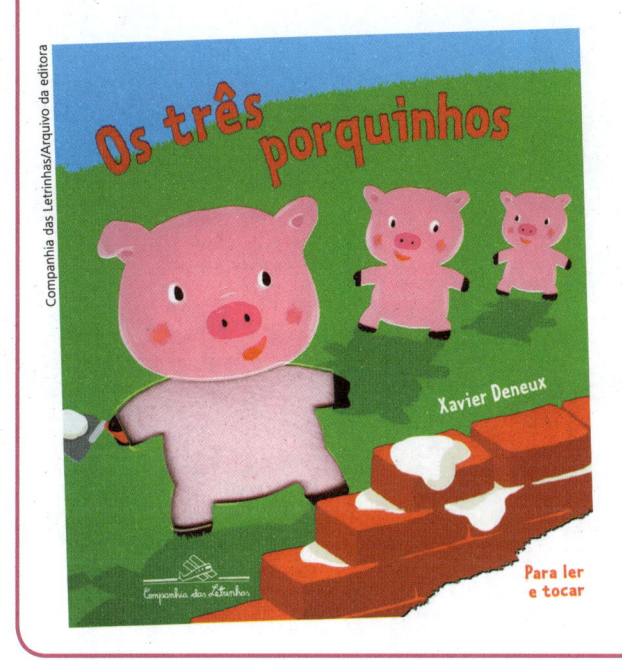

O LIVRO *OS TRÊS PORQUINHOS* MOSTRA A DIFERENÇA DOS MATERIAIS UTILIZADOS NA CONSTRUÇÃO DAS CASAS DOS PERSONAGENS E, EM MEIO À HISTÓRIA, DESPERTA A ATENÇÃO DE TODOS PARA SABER QUAL DAS CASAS É A MAIS RESISTENTE.

OS TRÊS PORQUINHOS, DE XAVIER DENEUX. SÃO PAULO: COMPANHIA DAS LETRINHAS, 2012.

PONTO DE CHEGADA

1. FALE PARA SEUS COLEGAS O QUE TORNA A MORADIA DE VOCÊS DIFERENTE ENTRE SI.
2. ESCREVA UMA FRASE NO CADERNO COM AS PALAVRAS DO QUADRO.

MORADIA ▪ COOPERAÇÃO ▪ FAMÍLIA

UNIDADE 7
EU E OS CAMINHOS

PAISAGEM DO MUNICÍPIO DE SÃO JOSÉ DOS CAMPOS, SÃO PAULO, EM 2016.

PONTO DE PARTIDA

1. O QUE A PESSOA RETRATADA NA FOTO PODE OBSERVAR NO CAMINHO QUE ESTÁ PERCORRENDO?

2. EM SEU DIA A DIA, VOCÊ PERCORRE CAMINHOS SEMELHANTES AO CAMINHO MOSTRADO NA FOTO? CONTE AOS COLEGAS.

OS CAMINHOS

EXISTEM DIFERENTES TIPOS DE **CAMINHO**. VAMOS CONHECER ALGUNS DELES.

- NAS CIDADES GRANDES, AS **RUAS** E AS **AVENIDAS** SÃO OS PRINCIPAIS CAMINHOS UTILIZADOS PELAS PESSOAS PARA IR DE UM LUGAR A OUTRO. NESSAS CIDADES, AS RUAS E AVENIDAS, GERALMENTE, SÃO MUITO MOVIMENTADAS.

A AVENIDA DA CIDADE DE BRASÍLIA, DISTRITO FEDERAL, EM 2017.

- JÁ NAS CIDADES PEQUENAS, AS RUAS TÊM MENOS MOVIMENTO DE CARROS E PESSOAS.

B RUA DA CIDADE DE SABARÁ, MINAS GERAIS, EM 2016.

- NO CAMPO, NORMALMENTE, AS PESSOAS UTILIZAM AS **ESTRADAS RURAIS** PARA SE DESLOCAR DE UM LUGAR AO OUTRO.

C

ESTRADA RURAL NO MUNICÍPIO DE ELDORADO, NO MATO GROSSO DO SUL, EM 2017.

- NAS MATAS E FLORESTAS, AS PESSOAS UTILIZAM AS **TRILHAS** PARA SE DESLOCAR DE UM LUGAR PARA OUTRO.

D

INDÍGENA CAMINHANDO EM UMA TRILHA EM MEIO À FLORESTA, NO MUNICÍPIO DE MANAUS, AMAZONAS, EM 2014.

PRATIQUE E APRENDA

1. DESENHE UM CAMINHO QUE VOCÊ PERCORRE EM SEU DIA A DIA.

- O CAMINHO QUE VOCÊ DESENHOU É SEMELHANTE A ALGUM DOS CAMINHOS MOSTRADOS NAS FOTOS DAS PÁGINAS **89** E **90**? MARQUE UM **X** NO CAMINHO QUE VOCÊ IDENTIFICOU.

  ○ FOTO **A**. ○ FOTO **C**.

  ○ FOTO **B**. ○ FOTO **D**.

AS RUAS MUDAM DO DIA PARA A NOITE

TALVEZ VOCÊ NÃO TENHA PERCEBIDO, MAS VÁRIAS CARACTERÍSTICAS DAS RUAS QUE PERCORREMOS DURANTE O DIA SÃO DIFERENTES DURANTE A NOITE.

ENTRE ESSAS DIFERENÇAS, ESTÁ O FUNCIONAMENTO DE ALGUNS ESTABELECIMENTOS COMERCIAIS QUE, POR EXEMPLO, FUNCIONAM APENAS DURANTE O DIA.

AS IMAGENS A SEGUIR MOSTRAM PARTE DA PAISAGEM DE UMA RUA DURANTE O DIA E DURANTE A NOITE. OBSERVE.

DURANTE O DIA.

DURANTE A NOITE.

- QUAIS MUDANÇAS PODEMOS PERCEBER NA PAISAGEM ENTRE O PERÍODO DO DIA E O PERÍODO DA NOITE? CONVERSE COM SEUS COLEGAS.

PRATIQUE E APRENDA

1. NOS ESPAÇOS A SEGUIR, DESENHE UMA PAISAGEM DA RUA ONDE VOCÊ MORA REPRESENTANDO-A DURANTE O DIA. DEPOIS, REPRESENTE-A DURANTE A NOITE.

DIA.

NOITE.

A. APRESENTE SEU DESENHO PARA SEUS COLEGAS EXPLICANDO QUAIS MUDANÇAS NA PAISAGEM VOCÊ OBSERVOU E REPRESENTOU.

B. VERIFIQUE SE AS MUDANÇAS NA PAISAGEM QUE VOCÊ DESENHOU SÃO SEMELHANTES OU DIFERENTES DAS RETRATADAS POR SEUS COLEGAS.

O CAMINHO DE CASA À ESCOLA

LEIA, AO LADO, O QUE DAVI ESTÁ DIZENDO SOBRE O CAMINHO QUE FAZ DE SUA CASA ATÉ A ESCOLA.

PARA IR À ESCOLA, EU PASSO POR UMA ESTRADA DE TERRA. NELA EU VEJO UMA CRIAÇÃO DE GADO.

- AGORA, MARQUE UM **X** NA FOTO QUE REPRESENTA O CAMINHO QUE DAVI FAZ PARA IR À ESCOLA.

○ ESTRADA NA ÁREA RURAL DO MUNICÍPIO DE SOCORRO, SÃO PAULO, EM 2015.

○ RUA DA CIDADE DE PORTO VELHO, RONDÔNIA, EM 2015.

PRATIQUE E APRENDA

1. PINTE O NOME DOS ELEMENTOS QUE VOCÊ OBSERVA NO CAMINHO QUE FAZ DE CASA PARA A ESCOLA.

| CASA | RIO | LOJA | RUA | ÁRVORE |

| CRIAÇÃO DE GADO | AUTOMÓVEL | PONTO DE ÔNIBUS |

| PESSOA | PRÉDIO | LAVOURA | HOSPITAL |

2. AGORA, DESENHE O CAMINHO QUE VOCÊ FAZ DE CASA PARA A ESCOLA. NÃO SE ESQUEÇA DE DESENHAR OS ELEMENTOS QUE VOCÊ PINTOU NA ATIVIDADE ANTERIOR.

3. OBSERVE, A SEGUIR, O CAMINHO QUE ANA PERCORRE PARA IR DE SUA CASA À ESCOLA.

- AGORA, CIRCULE OS ELEMENTOS QUE ANA OBSERVA AO LONGO DO CAMINHO.

IMAGENS SEM PROPORÇÃO ENTRE SI.

Ilustrações: Edson Farias

POR DENTRO DO TEMA

VALORIZAÇÃO DO IDOSO

A SOLIDARIEDADE

EM VÁRIAS SITUAÇÕES DO DIA A DIA, PODEMOS ADOTAR ATITUDES DE SOLIDARIEDADE, SEJA COM PESSOAS IDOSAS QUE TENHAM ALGUMA DIFICULDADE, SEJA COM OUTRAS QUE NECESSITEM DE ALGUMA AJUDA.

OBSERVE A IMAGEM A SEGUIR.

> OBRIGADO POR ME AJUDAREM A ATRAVESSAR A RUA.

Isabela Santos

A. O QUE A IMAGEM ESTÁ MOSTRANDO?

B. QUAL ATITUDE SOLIDÁRIA A CRIANÇA E SEU PAI TIVERAM?

C. CONVERSE COM SEUS COLEGAS SOBRE OUTRAS ATITUDES DE SOLIDARIEDADE QUE PODEMOS TER COM PESSOAS IDOSAS OU COM OUTRAS QUE NECESSITEM DE ALGUMA AJUDA.

APRENDA MAIS!

O LIVRO *ZITO E ZIU*: NO MEIO DO CAMINHO... TINHA UMA HISTÓRIA! É UM LIVRO DE ILUSTRAÇÕES QUE DESPERTA A CURIOSIDADE SOBRE COISAS QUE SÃO OBSERVADAS NO TRAJETO ATÉ A ESCOLA.

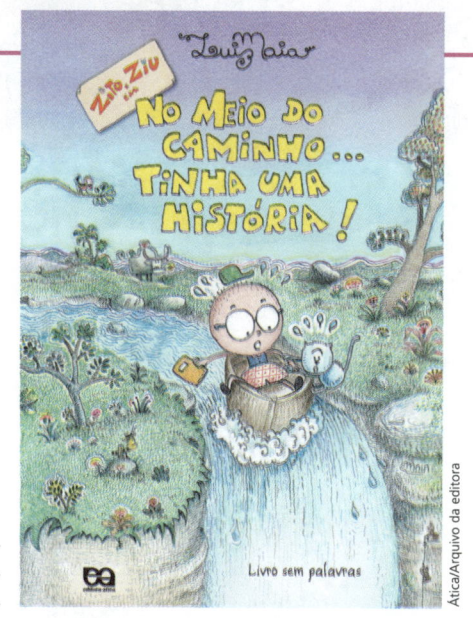

ZITO E ZIU: NO MEIO DO CAMINHO... TINHA UMA HISTÓRIA!, DE LUIZ MAIA. SÃO PAULO: ÁTICA, 2010.

PONTO DE CHEGADA

1. UTILIZE AS PALAVRAS DOS QUADROS ABAIXO PARA COMENTAR, COM OS COLEGAS, ALGUMAS CARACTERÍSTICAS DA RUA ONDE SE LOCALIZA A ESCOLA.

   - ESTRADA RURAL.
   - RUA ASFALTADA.
   - RUA BEM MOVIMENTADA.
   - RUA POUCO MOVIMENTADA.

2. DESCREVA PARA OS COLEGAS UMA CARACTERÍSTICA DA RUA ONDE VOCÊ MORA QUE PODE SER OBSERVADA DURANTE O DIA E UMA CARACTERÍSTICA QUE ELA POSSUI DURANTE A NOITE.

3. CONVERSE COM SEUS COLEGAS E VERIFIQUE SE O CAMINHO QUE VOCÊS PERCORREM DE CASA PARA A ESCOLA SÃO SEMELHANTES.

UNIDADE

8 O TRÂNSITO NOS CAMINHOS QUE PERCORREMOS

PAISAGEM DA CIDADE DE SÃO PAULO, CAPITAL DO ESTADO, EM 2014.

Maurício Simonetti/Pulsar Imagens

PONTO DE PARTIDA

1. O QUE A FOTO ESTÁ MOSTRANDO?

2. QUE REGRA DE TRÂNSITO É RETRATADA NA FOTO?

3. VOCÊ CONHECE OUTRAS REGRAS DE TRÂNSITO? CONTE PARA SEUS COLEGAS.

100 CEM

O TRÂNSITO

OS PEDESTRES E OS VEÍCULOS QUE SE DESLOCAM PELOS CAMINHOS, TANTO NA CIDADE QUANTO NO CAMPO, FORMAM O **TRÂNSITO**.

OBSERVE A IMAGEM A SEGUIR QUE MOSTRA O TRÂNSITO NAS RUAS DE UMA CIDADE.

PRATIQUE E APRENDA

1. DESCUBRA O QUE FAZ PARTE DO TRÂNSITO DA RUA QUE VIMOS NA IMAGEM DA PÁGINA ANTERIOR. PARA ISSO, COMPLETE AS PALAVRAS DO QUADRO COM AS LETRAS QUE FALTAM.

IMAGENS SEM PROPORÇÃO ENTRE SI.

P____DE____TRES.

AUT____MÓV____L.

M____TOC____CLET____.

B____C____CLET____.

OS AUTOMÓVEIS E A POLUIÇÃO DO AR

VOCÊ SABIA QUE OS AUTOMÓVEIS SÃO UM DOS PRINCIPAIS RESPONSÁVEIS PELA POLUIÇÃO DO AR?

LEIA A MANCHETE E OBSERVE A FOTO A SEGUIR.

TRÂNSITO CAÓTICO E POLUIÇÃO MATAM MILHÕES POR ANO, DIZ OMS [ORGANIZAÇÃO MUNDIAL DA SAÚDE]

TRÂNSITO CAÓTICO E POLUIÇÃO MATAM MILHÕES POR ANO, DIZ OMS, DE RENATO LOBO. TERRA,14 SET. 2013. DISPONÍVEL EM: <HTTPS://WWW.TERRA.COM.BR/NOTICIAS/CIENCIA/SUSTENTABILIDADE/TRANSITO-CAOTICO-E-POLUICAO-MATAM-MILHOES-POR-ANO-DIZ-OMS,FC8E288DD7811410VGNCLD2000000DC6EB0ARCRD.HTML>. ACESSO EM: 10 SET. 2017.

POLUIÇÃO DO AR NA CIDADE DE BEIJING, CHINA, EM 2015.

1. O QUE A MANCHETE E A FOTO ACIMA ESTÃO INFORMANDO?

2. EM SUA OPINIÃO, O QUE PODERIA SER FEITO PARA DIMINUIR A POLUIÇÃO DO AR CAUSADA PELA CIRCULAÇÃO DE AUTOMÓVEIS? CONVERSE COM SEUS COLEGAS.

REGRAS DE TRÂNSITO

VOCÊ SABE POR QUE AS REGRAS DE TRÂNSITO SÃO IMPORTANTES?

AS REGRAS DE TRÂNSITO AJUDAM AS PESSOAS E OS VEÍCULOS A SE DESLOCAREM PELAS RUAS COM SEGURANÇA. POR ISSO, TODOS DEVEM **RESPEITAR ESSAS REGRAS**.

VAMOS CONVERSAR SOBRE ALGUMAS DESSAS REGRAS A SEGUIR.

OS VEÍCULOS DEVEM FICAR PARADOS, ANTES DA FAIXA DE PEDESTRE, ENQUANTO O **SEMÁFORO DE VEÍCULOS** ESTIVER FECHADO, COM A LUZ VERMELHA ACESA.

VEÍCULOS NO TRÂNSITO DA CIDADE DE JOINVILLE, SANTA CATARINA, EM 2017.

NOS VEÍCULOS, CRIANÇAS DE ATÉ 10 ANOS DEVEM SEMPRE OCUPAR O BANCO DE TRÁS, E TODOS OS OCUPANTES DEVEM USAR O **CINTO DE SEGURANÇA**.

CRIANÇA USANDO CINTO DE SEGURANÇA.

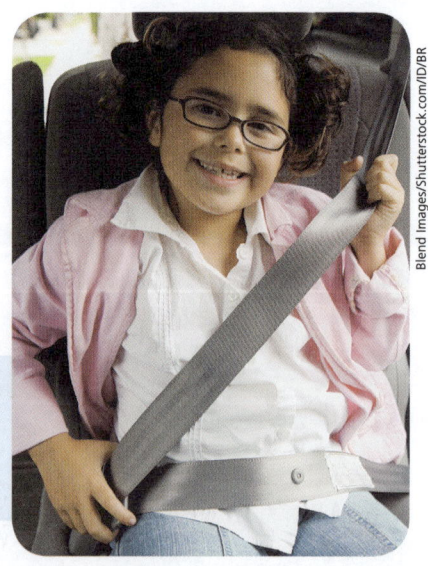

AS PESSOAS DEVEM ATRAVESSAR A RUA NA **FAIXA DE PEDESTRE**.

PESSOA ATRAVESSANDO A RUA NA FAIXA DE PEDESTRE, NA CIDADE DE CASCAVEL, PARANÁ, EM 2014.

DIVIRTA-SE E APRENDA

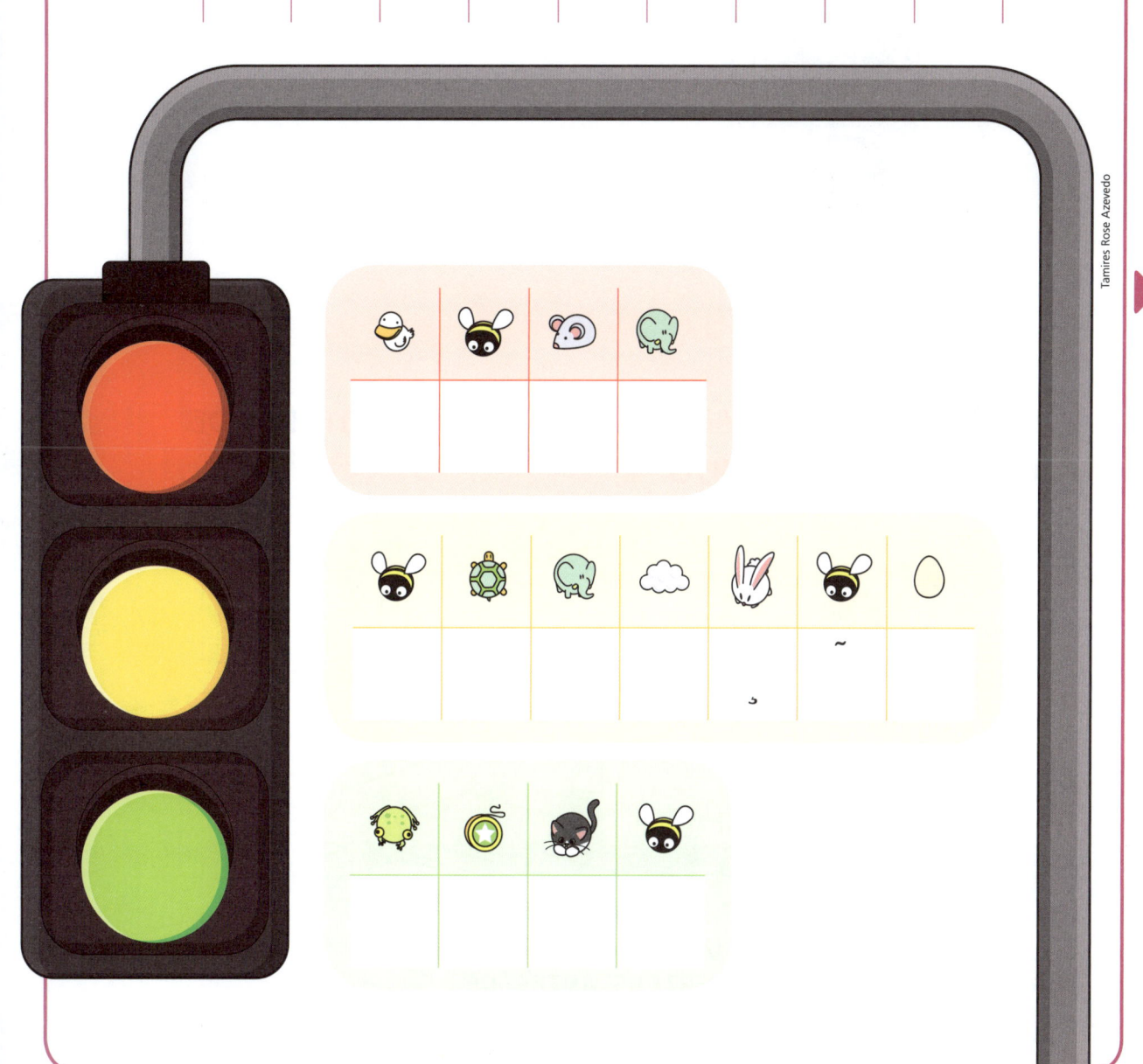

AS CORES DO SEMÁFORO

1. VAMOS DESCOBRIR O QUE SIGNIFICA CADA COR DO SEMÁFORO. PARA ISSO, SUBSTITUA OS SÍMBOLOS PELAS LETRAS CORRESPONDENTES E DESCUBRA O QUE INDICA CADA COR DO SEMÁFORO DE VEÍCULOS.

🐝	🐰	🐘	🐱	🥏	☁️	🥚	🐥	🐭	🐸	🐢
A	C	E	G	I	N	O	P	R	S	T

2. AGORA, VAMOS DESCOBRIR O SIGNIFICADO DE CADA COR DO SEMÁFORO DE PEDESTRES. PARA ISSO, SUBSTITUA OS SÍMBOLOS PELAS LETRAS CORRESPONDENTES.

🐝	🐘	🐱	⭐	🐤	🐭	🐸
A	E	G	I	P	R	S

3. PINTE A IMAGEM A SEGUIR. ELA MOSTRA ATITUDES DE CUIDADO NO TRÂNSITO.

EU SEMPRE OBSERVO O SEMÁFORO DE PEDESTRES ANTES DE ATRAVESSAR A RUA.

SÍMBOLOS QUE ORIENTAM O TRÂNSITO

EXISTEM **SÍMBOLOS** QUE ORIENTAM O TRÂNSITO DE VEÍCULOS E PEDESTRES. ALGUNS DESSES SÍMBOLOS FAZEM PARTE DAS **PLACAS DE TRÂNSITO**.

VEJA ALGUNS DELES A SEGUIR.

TRÂNSITO DE PEDESTRES.

TRÂNSITO DE TRATORES OU MÁQUINAS AGRÍCOLAS.

ÁREA ESCOLAR.

PROIBIDO TRÂNSITO DE BICICLETAS.

- CIRCULE A PLACA DE SINALIZAÇÃO QUE CORRESPONDE À SITUAÇÃO RETRATADA NA FOTO.

PESSOAS TRABALHANDO NA MANUTENÇÃO DO ASFALTO, NA CIDADE DE CAMPINAS, SÃO PAULO, EM 2015.

OBRAS.

PROIBIDO ACIONAR BUZINA OU SINAL SONORO.

POR DENTRO DO TEMA

TRÂNSITO

RESPONSABILIDADE NO TRÂNSITO

OS MOTORISTAS E OS PEDESTRES DEVEM ESTAR ATENTOS E TOMAR ALGUNS CUIDADOS PARA EVITAR ACIDENTES NO TRÂNSITO.

ATRAVESSAR A RUA NA FAIXA DE PEDESTRE, CAMINHAR PELAS CALÇADAS E UTILIZAR CINTO DE SEGURANÇA NOS AUTOMÓVEIS SÃO EXEMPLOS DE ATITUDES DE RESPONSABILIDADE QUE DEVEMOS TER QUANDO ESTAMOS NO TRÂNSITO.

OBSERVE A FOTO A SEGUIR.

CARRO ESTACIONADO SOBRE A FAIXA DE PEDESTRE E TAMBÉM BLOQUEANDO O ACESSO À RAMPA DE ACESSIBILIDADE, NA CIDADE DE CAMPO MOURÃO, PARANÁ, EM 2017.

A. O MOTORISTA DA FOTO ACIMA ADOTOU UMA ATITUDE DE RESPONSABILIDADE NO TRÂNSITO? POR QUÊ? TROQUE IDEIAS COM OS COLEGAS.

B. CONVERSE COM SEUS COLEGAS SOBRE ALGUMA REGRA DE TRÂNSITO QUE NÃO VEM SENDO CUMPRIDA NO LUGAR ONDE VIVEM. O QUE PRECISA MELHORAR?

APRENDA MAIS!

O CANAL INFANTIL *TICOLICOS* ENSINA DIVERSOS ASSUNTOS EDUCATIVOS.

NESSE CANAL DE VÍDEOS, É POSSÍVEL APRENDER SOBRE SINALIZAÇÃO DE TRÂNSITO COM O EPISÓDIO *POR QUE EXISTE SEMÁFORO?*

<https://www.youtube.com/watch?v=D4UrAoOMUZ0&t=3s>

ACESSO EM: 12 DEZ. 2017.

PONTO DE CHEGADA

1. A ATITUDE REPRESENTADA NA FOTO ABAIXO ESTÁ CORRETA? PINTE A IMAGEM QUE REPRESENTA SUA RESPOSTA. DEPOIS JUSTIFIQUE SUA ESCOLHA.

GAROTO SENTADO NO COLO DO PAI NO BANCO DA FRENTE DO CARRO.

2. CONVERSANDO COM OS COLEGAS, RESPONDAM: POR QUE AS REGRAS DE TRÂNSITO DEVEM SER RESPEITADAS?

BRASIL: DIVISÃO POLÍTICA (2016)

FONTE DE PESQUISA: *ATLAS GEOGRÁFICO ESCOLAR*. 7. ED. RIO DE JANEIRO: IBGE, 2016. P. 94.

PLANISFÉRIO POLÍTICO (2016)

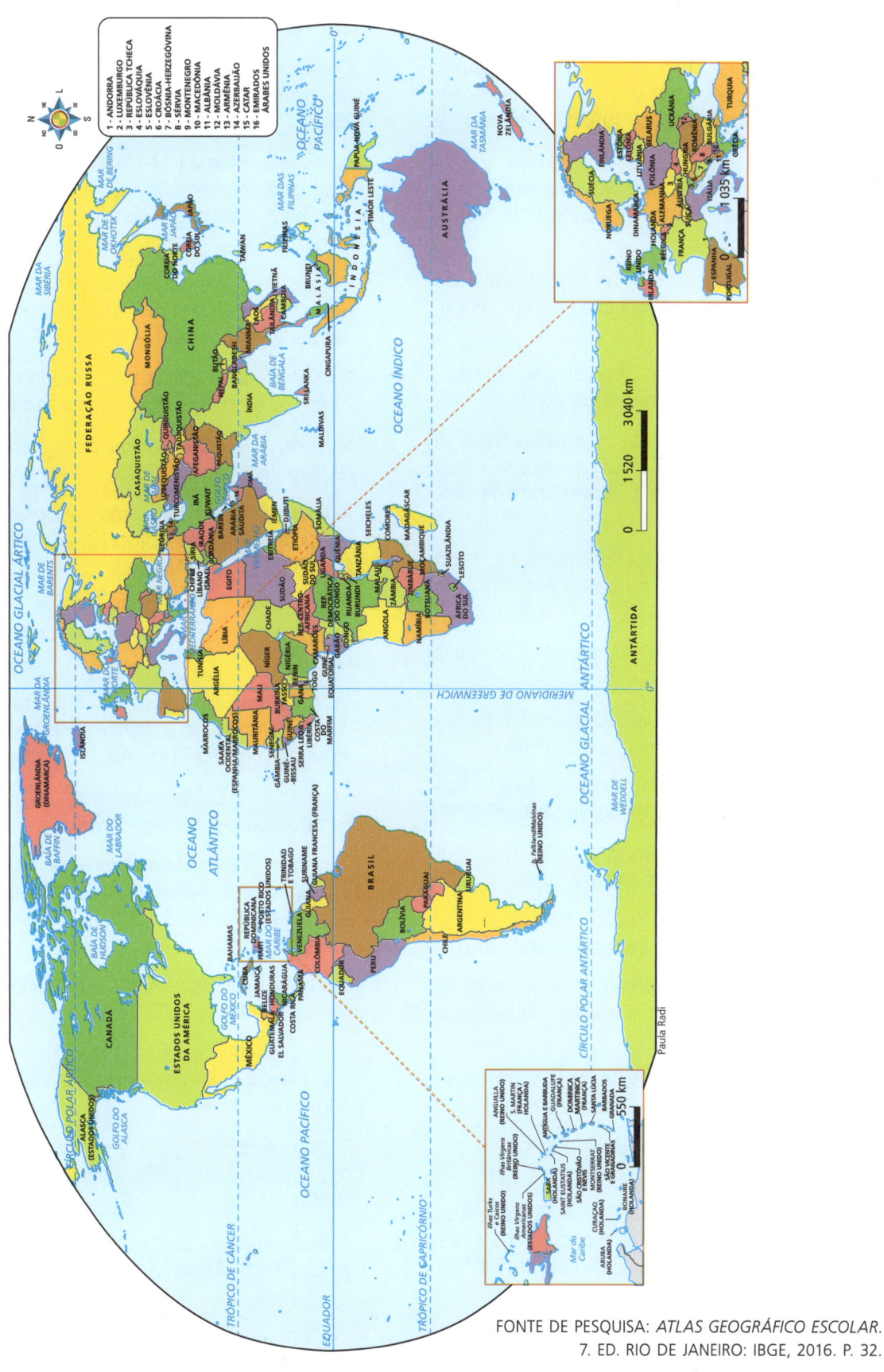

FONTE DE PESQUISA: *ATLAS GEOGRÁFICO ESCOLAR*. 7. ED. RIO DE JANEIRO: IBGE, 2016. P. 32.

BIBLIOGRAFIA

ALMEIDA, Rosângela Doin de (Org.). *Cartografia escolar*. São Paulo: Contexto, 2007.

ALMEIDA, Rosângela Doin de; PASSINI, Elza Yasuko. *O espaço geográfico*: ensino e representação. 4. ed. São Paulo: Contexto, 1992 (Repensando o ensino).

BOSI, Ecléa. *Memória e sociedade*: Lembranças de velhos. 3. ed. São Paulo: Companhia de Letras, 1994.

BRASIL. Constituição da República Federativa do Brasil: promulgada em 5 de outubro de 1988. 35. ed. São Paulo: Saraiva, 2005.

BRASIL. *Estatuto do idoso*. Coordenação, ARRUDA, André. Rio de Janeiro: Roma Victor, 2003.

BRASIL. Ministério da Educação. Conselho Nacional de Educação. *Diretrizes Curriculares Nacionais para o Ensino Fundamental de 9 (nove) anos*. Brasília, 2010.

BRASIL. Secretaria de Educação Fundamental. *Pacto Nacional pela Alfabetização na Idade Certa*: formação de professores. Brasília: MEC/SEF, 2012. v. 5, p. 38.

CARLOS, Ana Fani. *O lugar no/do mundo*. São Paulo: Hucitec, 1996.

COMO exercer sua cidadania. São Paulo: Bei Comunicação, 2003 (Coleção entenda e aprenda).

CORRÊA, Roberto Lobato; ROSENDAHL, Zeny. *Paisagem, tempo e cultura*. Rio de Janeiro: Eduerj, 1998.

CURRIE, Karen et al. *Meio ambiente*: interdisciplinaridade na prática. Campinas: Papirus, 2002.

DEL PRIORE, Mary; BASSANEZI, Carla. *Histórias das mulheres do Brasil*. 9. ed. São Paulo: Contexto, 2007.

DIMENSTEIN, Gilberto. *O cidadão de papel*: a infância, a adolescência e os direitos humanos no Brasil. São Paulo: Ática, 2001.

FAZENDA, Ivani C. A. (Org.). *Práticas interdisciplinares na escola*. 7. ed. São Paulo: Cortez, 2001.

FELDMANN, Fabio. *Sustentabilidade planetária, onde eu entro nisso?*. São Paulo: Terra Virgem, 2011.

FORMAGGIA, Denise M. E.; MAGOSSI, Luiz R.; BONACELLA, Paulo H. *Sustentabilidade ambiental*: Uma questão de consciência. São Paulo: Moderna, 2015.

GARDNER, H. *Inteligências múltiplas*: a teoria na prática. Porto Alegre: Artes Médicas, 1994.

GRONDON, Odile. *Para entender o mundo*: Os grandes desafios de hoje e de amanhã. São Paulo: SM, 2007.

GUIMARÃES, Márcia Noêmia. *Os diferentes tempos e espaços do homem*. Atividades de Geografia e História para o ensino fundamental. 2. ed. São Paulo: Cortez, 2006.

KULLER, José Antonio; RODRIGO, Natália de Fátima. *Metodologia de desenvolvimento de competências*. Rio de Janeiro: Senac Nacional, 2013.

NARVAES, Patrícia. *Dicionário ilustrado de Meio Ambiente*. 2. ed. São Caetano do Sul: Yendis, 2010.

NOGUEIRA, Nilbo Ribeiro. *Interdisciplinaridade aplicada*. São Paulo: Érica, 1998.

PASSINI, Elza Y. *Alfabetização cartográfica e o livro didático*: uma análise crítica. 2. ed. Belo Horizonte: Lê, 1998 (Coleção Apoio).

RICARDO, Beto; RODRIGO, Fany. *Povos indígenas no Brasil*: 2011-2016. São Paulo: Instituto Socioambiental, 2017.

SILVA, Jansen Felipe da et al. (Org.). *Práticas avaliativas e aprendizagens significativas*: em diferentes áreas do currículo. Porto Alegre: Mediação, 2003.

SIMIELLI, Maria E. *Primeiros mapas*: como entender e construir. São Paulo: Ática, 1993.

TRIGUEIRO, André. *Meio ambiente no século 21*: 21 especialistas falam da questão ambiental nas suas áreas de conhecimento. Rio de Janeiro: Sextante, 2003.

TUAN, Yi-Fu. *Espaço e lugar*: a perspectiva da experiência. São Paulo: DIFEL, 1983.

VEYRET, Yvette. *Os riscos*: O homem como agressor e vítima do meio ambiente. São Paulo: Contexto, 2007.

ZABALA, Antoni (Org.). *Como trabalhar os conteúdos procedimentais em aula*. Porto Alegre: Artmed, 1999.

ZABALA, Antoni. *Como aprender e ensinar competências*. Porto Alegre: Artmed, 2010.